WALTER NOWOTNY

WALTER NOWOTNY

BERICHTE AUS DEM LEBEN MEINES BRUDERS

GESAMMELT UND ERZÄHLT VON

RUDOLF NOWOTNY

DRUFFEL-VERLAG

LEONI AM STARNBERGER SEE

Internationale Standard-Buchnummer

ISBN 3 8061 0620 7

5. Auflage 1975

Alle Rechte vorbehalten. © Copyright 1957 by Druffel-Verlag

Satz, Druck und Bindearbeiten: Sellier GmbH Freising

PIERRE CLOSTERMANN

Im Jahre 1947 als „Grand Cirque" veröffentlicht wurde*, stand Europa noch unter dem Eindruck des Krieges 1939—1945. Die Rachegefühle, der Haß, die Leidenschaften durchwehten noch wie ein Gewittersturm die Herzen der Menschen, die die Mitwirkenden dieses großen Dramas waren. Das Kapitel, das ich Walter Nowotny widmete, erregte, wenn schon keinen Skandal, so doch Erstaunen...

Heute hat sich der Sturm beruhigt, das Meer der Leidenschaften ist zurückgewichen und hat den großen unberührten Strand des neuen Europa freigegeben, auf dem die Schritte der heranwachsenden Generation die Straßen der Zukunft ziehen werden.

Die Jugend kann niemals zuviel Vorbilder an Energie und Mut haben. Ich wünsche, daß dieses Buch über Walter Nowotny, die hinterlassenen Erinnerungen an ihn, dieser Jugend die Kraft gibt, der Zukunft fest ins Auge zu sehen; und daß auch die Alten an jene durch den Krieg geopferte Generation erinnert werden, die – jenseits jeder anderen Auslegung – letzten Endes die Ehre der deutschen Nation über alle Himmel Europas getragen hat.

Paris, 26. September 1957

* In „Grand Cirque" – in deutscher Übersetzung „Die große Arena" – hat der in der Royal Air Force kämpfende berühmte französische Jagdflieger Pierre Clostermann, Träger des britischen Distinguished Flying Cross, seine Kampferinnerungen aus dem Zweiten Weltkrieg veröffentlicht. Clostermann widmete darin einen Abschnitt dem Andenken seines „großen Gegners" Walter Nowotny (vgl. Zitat Seite 137 ff.).

„Max und Moritz"

Mißtrauisch hoben die Landser die Köpfe. Die trüge-
rische Stille des frühen Morgens, der strahlend über die
schier endlosen Sümpfe und Buchenwälder heraufge-
kommen war, wurde durch ein leises aber gleichmäßiges
Brummen unterbrochen. Der blutjunge Leutnant, der drei
Tage vorher von der Kriegsschule an die Front versetzt
worden war und gerade zurechtkam, um den russischen
Versuch, den Wolchow-Brückenkopf einzudrücken, mit-
zuerleben, nahm hastig seinen Feldstecher und suchte
aufgeregt den glasklaren Himmel ab. Ganz in der Ferne
waren einige dunkle Punkte erkennbar.

Da und dort griff einer der deutschen Soldaten nach
seinem Spaten und grub seitlich in die Erdwand eine
kleine Kuhle. Es war nicht gerade leicht für die Männer.
Sie hatten die Panzerrudel abgewehrt, die sowjetischen
Sturmtruppen zurückgeworfen und waren tagelang im
Feuersturm der russischen Artilleriewalze gelegen. Das
Schwerste aber waren jetzt die sowjetischen Schlacht-
flieger.

Hier am Wolchow waren die Tage des großen Sturmes
und der glorreichen Siege vorbei. Während unten im
Süden die deutschen Verbände wieder gegen Rostow vor-
stießen, um das Tor zum Kaukasus aufzubrechen, ging
es hier um Meter. Immer wieder versuchten die Sowjets
den Leningrader Einschließungsring aufzusprengen.

„Sie kommen schon wieder!" schrie der Leutnant mit
überschlagender Stimme. Die fronterfahrenen Oberge-

freiten und Unteroffiziere lächelten. Es war eine verdammt unangenehme Sache, hilflos in den Gräben und Löchern zu liegen, wenn die russischen Schlächter vom Himmel herabstießen, um jeden einzelnen Mann förmlich auszupunkten. Da gehörte schon eine große Portion Ruhe dazu, um nicht die Nerven zu verlieren.

„Wenn sie da sind", befahl der Leutnant, „Feuer frei — aus allen Rohren."

„So eine Scheiße!" murmelte der junge MG-Schütze des Kompanietrupps, „damit sie ganz genau wissen, wo wir liegen!"

„Was ist los?" fragte der Leutnant scharf.

Der Soldat verstummte. Schon waren die Punkte zu richtig erkennbaren Flugzeugen angewachsen. Die Landser steckten sich langsam Zigaretten an. Bei manchem war es die letzte. Dann waren sie da, die roten Schlächter. Wie Hornissen stießen sie herab und überschütteten die deutschen Stellungen mit einem Hagel aus ihren Maschinengewehren und Bordkanonen. Eine 2-cm-Flack begann in allernächster Nähe zu spucken, was das Rohr hielt.

„Feuer frei!" schrie der Leutnant. „Feuer frei!"

Fluchend richtete sich der MG-Schütze auf und zog den Kolben fest an die Schulter. Dann ratterte das Abwehrfeuer gegen den Himmel. Nun war erst recht die Hölle los! Die roten Flieger, wütend über den Empfang, drehten sogleich bei und beharkten den Abschnitt was das Zeug hielt. Schon schrie der erste nach dem Sanitäter, der zweimal ansetzte, aber doch nicht aus dem Loch herauskam, weil die Garben in Handbreitnähe vor ihm die Erde aufstaubten. Weit hinten donnerte eine 8,8-cm-Flak. Ihr Feuer lag aber zu hoch und konnte die feindlichen Flugzeuge nicht erreichen, sie flogen viel zu nahe der Erde.

Plötzlich schrie einer der alten Obergefreiten: „Max und Moritz sind da! Hurra für Max und Moritz!" Überall richteten sich nun die geduckten Gestalten auf und jubelten begeistert: „Max und Moritz! Max und Moritz!" Der Spieß, der am Morgen Munition und Verpflegung vorgebracht hatte, rief lachend: „Der olle Hermann macht Großoffensive! Gebt es ihnen! Herrgott, auf Max und Moritz kann man sich verlassen!"

Der junge Leutnant blickte ihn erschrocken an. Einen Augenblick dachte er: sind die übergeschnappt? Aber dann fesselte auch ihn das Schauspiel, das sich nun am Himmel bot. Zwei deutsche Me 109 waren mitten unter den roten Falken. Der erste versuchte seine rotgefärbte Maschinenschnauze hochzuziehen, aber schon war er im deutschen Fadenkreuz. Er platzte auseinander und heulend trudelten die brennenden Maschinenteile zur Erde. Die roten Falken versuchten sich zu stellen. Aber bald stürzte der nächste brennend ab. Blitzschnell versuchten sie zu wenden, aber es gelang ihnen nicht. Noch einer und noch einer mußte daran glauben. Nun drückten sie auf die Tube was das Zeug hielt. Weg, nichts wie weg!

Die deutschen Landser waren außer Rand und Band. Sie schrien und winkten den wenigen deutschen Maschinen nach, die bald allein am Himmel ihre Kurven zogen. Im Aufatmen der erleichterten Infanteristen aber lief bald der Name von Mund zu Mund, der ihnen Zuversicht und Rettung zugleich war: Nowotny.

Wo er und seine Kameraden auftauchten, wurde reiner Tisch gemacht.

*

Nowotny — es war ein damals knapp Zweiundzwanzigjähriger, der in jenen Tagen des Jahres 1942 den deutschen Landsern immer wieder den Himmel freifegte. Zusammen mit seinem getreuen Rottenflieger Karl Schnörrer, den er selbst „Quax" getauft hatte, bildete er das Paar „Max und

Moritz" in vielen solchen Kampfszenen am Wolchow, wie sie einer von denen, die dabei waren, so lebhaft geschildert hat.

„Max und Moritz" — heiter und vergnügt klingen diese Namen; je bitterer der Kampf wurde, um so ernster drückte sich schließlich auch die Anerkennung der Infanteristen für den Flieger aus, der zur Stelle war, wenn es brenzlig wurde. „Tiger vom Wolchowstroj" nannte ihn bald der ganze Frontabschnitt. Und auch dem Feind war dieser waghalsige junge Wiener ein Begriff geworden.

Der Mann, der die Hoffnung und die Zuversicht der Wolchow-Landser damals war, der Freund seiner Kameraden, dessen Tollkühnheit und Draufgängertum sie immer wieder mitriß und dessen Tapferkeit ihn später bis zum Träger einer der höchsten deutschen Tapferkeitsauszeichnungen — des Eichenlaubs mit Schwertern und Brillanten zum Ritterkreuz des Eisernen Kreuzes — emporsteigen ließ, war mein Bruder Walter.

Zu Hause im Waldviertel

Wir Nowotnybuben waren Kinder des niederösterreichischen „Waldviertels", einer der ärmsten Gegenden Österreichs. Auf durchschnittlich 500 Meter Seehöhe gibt es hier noch ausgedehnte Waldgegenden, umrahmt von kargen Ackerböden. Ein rauher Wind streicht darüberhin und rauh und wortkarg sind hier auch die Menschen.

Dort, wo die Franz-Josefs-Bahn von Wien nach Prag das Staatsgebiet verläßt, liegt an dem Flüßchen Lainsitz die Stadt Gmünd, wo Walter als dritter Sohn des Hauses Nowotny am 7. Dezember 1920 das Licht der Welt erblickte.

Die Niederlage Deutschlands und des damaligen Österreich-Ungarn im Jahre 1918 hatte sich in Gmünd grotesk ausgewirkt. Eine Staatsgrenze zwischen der neugeschaffenen Tschechoslowakei und Österreich wurde gebildet und sie ging nicht nur mitten durch die Stadt, sondern geradezu mitten durch das Herz: Durch Beschluß der Pariser „Friedenskonferenz" befand sich die Familie Nowotny über Nacht in einer nunmehr tschechischen Stadt! Als der Vater sofort für Österreich „optierte" (so nannte man das), mußte die Familie ihre Wohnung aufgeben und in den deutschösterreichisch gebliebenen Teil der Stadt umziehen. Das Schulhaus aber war „drüben"; so mußte ich als der älteste zunächst noch die Volksschule im tschechischen Stadtteil besuchen und sogar unsere Bubenraufereien bekamen einen „nationalen" Hintergrund.

Was uns beiden älteren Jungen oft schon bitterer Ernst war, hat der kleine Walter zwar nur am Rockzipfel der

Mutter miterlebt, aber ganz spurlos sind die Gmünder Jahre doch nicht an ihm vorübergegangen.

Unser Vater war Bahnbeamter und wurde 1925 als Stationsvorstand nach Schwarzenau an der Franz-Josefs-Bahn versetzt. Nun ging es ruhiger zu — auch die Inflationswirren waren inzwischen überstanden; die wertlosen Kronenscheine in Walters erster Sparkasse wurden durch harte Schillinge ersetzt, und der kleine Bub konnte ohne deutschtschechischen Volkstumskampf von 1926 bis 1930 die Volksschule besuchen.

Die Wege eines jungen Menschen sind oft sehr verschlungen und so ist zu berichten, daß unser Vater in Walter zunächst ein musikalisches Talent entdeckte. Er selbst war Chormeister des örtlichen deutschen Männergesangvereins und erzog uns alle in Liebe und Hingabe zur Musik. Wir bildeten sogar ein Familien-Trio, in dem der Vater Cello und zwei von uns Buben Violine spielten.

Als es 1930 für Walter Zeit wurde, an eine höhere Schule überzutreten, verschaffte ihm Vater einen Platz als Sängerknabe im Zisterzienser-Stift in Zwettl — dieses Buch könnte also auch wie ein Kriminalroman sensationell überschrieben werden: „Vom Sängerknaben zur Jagdflieger-As"!

Aus dieser Zeit weiß sich Mutter noch gut an eine aufregende Begebenheit zu erinnern. Eines Tages lag ein Brief aus dem Stift Zwettl im Briefkasten vor der Tür. Der Präfekt des Sängerknabenkonviktes ersuchte um den Besuch der Eltern. Mit sehr gemischten Gefühlen setzte sich Mutter in den Zug; sie kannte ihren Walter und es schwante ihr nichts Gutes. Dann hörte sie, was sich ereignet hatte: Eine Gruppe von Sängerknaben hatte an einem Sonntagnachmittag nach dem gemeinsamen Mittagessen einen Ausflug auf den Dachboden des Gebäudes unternommen, um auch diesen geheimnisvollen Winkel einmal kennenzulernen. Hier schnüffelten die Buben erst einmal ausgiebig unter den dort aufbewahrten Heiligenfiguren und unter den wahrscheinlich von Theateraufführungen stammenden Kostümen herum, ehe sie sich entschlossen, etliche dieser Requisiten bei Tageslicht genauer zu prüfen und in ihren Schlafraum hinunterzunehmen. Schließlich wurde unter lautem Gebrüll mit Hilfe der gefundenen Kostüme ein richtiger Budenzauber veranstaltet. Das Vergnügen fand ein jähes Ende durch das überraschende Erscheinen des gestrengen Herrn Präfekten. Der Rädelsführer war bald gefunden: es war Walter Nowotny.

Dieser fröhliche Unfug paßte natürlich ganz und gar nicht in den Erziehungsplan der Schule, die für Zucht und Ordnung weithin bekannt war. Aber die guten Patres, die mit Walter auch sonst ihre liebe Not hatten, ließen sich durch Mutter schließlich doch erweichen und behielten den ungebärdigen Sängerknaben unter ihren Fittichen.

Walter selbst blieb recht unbekümmert. Als Hubert, der zweite von uns Brüdern, und ich ihn sonntags einmal besuchten, meinte er lakonisch: „Weißt, Hubert, auf Dich habe ich eigentlich eine Stinkwut! Jedesmal, wenn ich was ausgefressen hab, stellen mir die Patres immer Dich als besonderes Vorbild hin. Hättest Du nicht nach mir Sängerknabe werden können?!" Hubert war nämlich ein Jahr vor Walters Eintritt nach erfolgreich abgelegter Schlußprüfung aus dem Sängerknabenkonvikt ausgetreten und hatte einen wesentlich wohlerzogeneren Eindruck hinterlassen, als es Walter gelang.

Ein Musterknabe war Walter freilich auch schon vorher nicht gewesen, wenn auch natürlich kein Flegel — da wäre er bei unserem Vater nicht weit gekommen. Walter war eben ein richtiger Bub wie tausend andere auch, mit all den Fehlern und Vorzügen, die die Jugend aller Zeiten in ihrer Sorglosigkeit auszeichnen.

Als Walter etwas größer geworden war, begann für uns drei Nowotny-Buben die Zeit der Wanderungen in die nähere und fernere Heimat. Zunächst ging es darum, Schwimmplätze aufzusuchen, die unseren sportlichen Ehrgeiz befriedigten. Schon als kleiner Knirps war Walter leidenschaftlich gern am und im Wasser und wurde frühzeitig eine ausgesprochene Wasserratte. Die einzige Badegelegenheit in Schwarzenau, unserem damaligen Wohnort, war der Thayabach, der für unsere Schwimmkünste natürlich nur eine bescheidene Gelegenheit bot. Da lohnte es sich schon, ein paar Stunden zu marschieren, um dann in einen der großen Teiche des Waldviertels zu springen oder gar in der Wachau an der Donau zu stehen. Das waren dann Tage der hellen Freude für uns Buben, und wir haben sie genützt!

Vorerst nur übers Wochenende, wurden unsere Wanderungen immer länger und in den Ferien waren wir schließlich bis zu zwei Wochen unterwegs. Wir haben das Waldviertel von der Quelle des Kamps bis zu seiner Mündung zu einer Zeit durchstreift, als noch keiner der heutigen Stauseen der Kraftwerke auch diese Landschaft verändert hat. Heute ruhen auf dem Grunde dieser Seen jene romantischen Pfade, die sich stundenlang an steilen Felshängen entlangzogen, immer den lustig plätschernden Wellen des Flusses folgend, bis hinter dunklem Waldbestand urplötzlich das Gemäuer irgendeiner alten Ruine auftauchte. So manche sternenhelle Nacht haben wir hier am Lagerfeuer unsere Lieder gesungen, ehe wir in unsere Schlafsäcke krochen.

Wir haben das herrliche Thayatal an der Nordgrenze Niederösterreichs ebenso durchwandert wie das Tal der Krems mit ihren Burgen. Wir haben hoch vom Nebelstein, der höchsten Erhebung des Waldviertels hineingeschaut in die blaue Weite der Wälder und Höhen unserer Heimat, aber auch hinüber über die Grenze hin bis zum Bergzug des Böhmerwaldes, der vorläufig noch Ziel unserer Träume war.

Für diese Wanderungen, deren Planer und Leiter ich als ältester war, hatten wir drei Brüder bei Mutter jeder seine Sparkasse angelegt, in die wir das ganze Jahr über jeden Groschen, der beim Kegelaufsetzen, Schwammerlsuchen und anderen Gelegenheiten zu verdienen war, getreulich hinterlegten. Das hat unseren Sinn für Sparsamkeit geschärft und außerdem die Freude erhöht, wenn es soweit war, die Pläne zu verwirklichen, die das ganze Jahr über geschmiedet worden waren.

Als der „Benjamin" der Gruppe war Walter bei längeren Märschen naturgemäß meist Nachzügler, stapfte aber unverdrossen seine Kilometer herunter. In der sommerlichen Hitze machte ihm der leidige Durst hart zu schaffen. Seine Nachgiebigkeit dem brennenden Durstgefühl gegenüber, das Trinken von Wasser bei jeder sich bietenden Gelegenheit, machte ihn dann frühzeitig schlapp und einmal — wir hatten in drei Tagesmärschen die Donau erreicht und wollten noch auf die hoch überm Strom stehende Ruine Aggstein hinauf — war es dann aus mit seiner Marschfähigkeit. Walter, der an diesem Tage gegen meine Ermahnungen besonders viel Wasser getrunken hatte, konnte plötzlich nicht mehr weiter, es wurde ihm totenübel.

Nachdem alle meine Belehrungen und gutes Zureden tagsüber fruchtlos geblieben waren, habe ich ihn — ältere Brüder können sehr streng sein — damit bestraft, daß ich ihn in den nächsten Zug setzte und sofort nach Hause schickte. Von diesem Tage an wurde er ein ganz anderer Kerl; viele Jahre später, während des Krieges, hat er mir einmal gestanden, daß ihn nie etwas so „gewurmt" habe wie diese brüderliche Strafe.

Während der Schulferien verbrachten Mutter und wir Buben stets auch einige Wochen im gastfreundlichen

Hause unseres Onkels in Höritz im Böhmerwald, einem durch seine Passionsspiele bekannten Ort unweit Krumau an der Moldau. Im ersten Stock dieses alten Patrizierhauses, an dessen Vorderseite ein farbenprächtiges Hauswappen der Familie Mugrauer, unserer Vorfahren mütterlicherseits, von ihrem gutbürgerlichen Wohlstand kündete, wohnten wir dann beim alten Großvater. Das ganze Haus war erfüllt von dem für unsere Bubennasen sehr erregenden Geruch von Kolonialwaren, Gewürzen und sonstigen Kostbarkeiten, die im ebenerdigen Kaufmannsgeschäft des Onkels feilgeboten wurden. Hiezu gehörte auch ein geräumiges Magazin im Hinterhaus, das uns stets wie ein Magnet anzog, aber zu unserem Leidwesen meist verschlossen war. Einmal aber war es dann doch offen, das Land unserer Sehnsucht. Wie schön konnte man sich hinter den zahlreichen Kisten und Säcken verstecken! Als wir auf ein Geräusch von nahenden Schritten das Magazin fluchtartig verließen, hatte Walter, der sich am Ablaßhahn eines Sirup-Fasses den Mund hatte vollaufen lassen, plötzlich aufgeschreckt, vergessen, diesen auch wieder zuzudrehen. Zum Glück wurde der Schaden gleich entdeckt, aber diese Draufgängerleistung des Walter Nowotny blieb trotzdem nicht ohne peinliche Folgen für den künftigen Fliegerhelden!

Ein anderes Mal ging die Sache günstiger aus: Genauso wie das Magazin, übte auch der große Obstgarten hinter dem Haus eine magische Anziehungskraft auf uns aus. Sehr verbotener Weise stiegen wir in die Bäume und taten uns an den Herzkirschen gütlich. Eines Tages hörten wir den Großvater zornig kommen — mit einem saftigen Knotenstock bewaffnet. Hubert und ich erfaßten die Lage rechtzeitig und verschwanden blitzartig. Walter aber kam nicht schnell genug herunter vom hohen Baum, so daß der alte Großvater glaubte, ihn endlich einmal erwischt zu haben.

Aber Walter verkroch sich ins hohe Geäst des Baumes und ging auf „Zeitgewinn" aus; damit entschied er die Angelegenheit zu seinen Gunsten! Er hielt oben länger aus, als unten der Großvater, der schließlich teils brummend, teils lachend abzog.

Die Höritzer Attraktionen erschöpften sich nicht in Sirupfässern, Korinthensäcken und Kirschbäumen: der Onkel besaß damals, zu Anfang der dreißiger Jahre — o Wunder für uns Buben — schon ein richtiges Auto; wenn ich mich richtig erinnere, war es eine Mercedes-Limousine, die in einer Garage im Hof untergebracht war. Dort und in der angrenzenden großen Scheune mit ihren landwirtschaftlichen Maschinen begannen unsere ersten intimen Beziehungen zum technischen Zeitalter ...

Zu Hause lauerte Walter dann bald auf jede Möglichkeit, sein technisches Talent auch praktisch anzuwenden. Kein Lichtschalter, kein Türschloß, kein elektrisches Bügeleisen war vor diesen Bemühungen sicher. Seit Walter sich auf diese Weise betätigte, brauchte Mutter keinen Elektriker und keinen Mechaniker mehr! „Walter wirds schon machen" oder „Walter hats schon gemacht" wurde zum geflügelten Wort.

Bald ging es nicht mehr nur um Lichtschalter und Türschlösser; Walter bastelte an jedem zur Verfügung stehenden Motor herum. Alles, was Kraft erzeugte und umsetzte — und war es auch der älteste Kasten — erregte sein Interesse.

Wo er etwas rattern hörte, war er dabei. Am liebsten hielt er sich in der Mistelbacher Mechanischen Reparaturwerkstätte Holy auf. Dort konnte er, wie ein Kleinkind im „Fragealter", den geduldigen Inhaber den ganzen Tag belästigen: „Wozu braucht man das" und „wozu gehört das?" Dort gab es dann auch oft eine Probefahrt mit einem der reparierten Motorräder. Und wer saß oben auf der Maschine? Vorne einer der Holy-Mechaniker und hinten natürlich der Walter.

Die „technische Laufbahn" Walters führte zu ungeahnten Höhepunkten: Als das Auto einer befreundeten Familie eines Tages — Vater Matsch war krank, der Sohn zur Wehrmacht eingezogen — dringend benötigt wurde, aber völlig streikte, erschien Walter als rettender Engel auf der Bildfläche, legte sich unter den Karren, sah ihm gründlich in die Eingeweide und vollbrachte das Wunder: kurz darauf schnurrte der Motor wieder sein Lied.

Vielleicht hat dieses erfreuliche Ereignis dazu beigetragen, das Herz unseres im Hinblick auf sein kleines Gehalt notwendigerweise sehr sparsamen Vaters zu erweichen: als Walter noch als Gymnasiast überraschend ankam mit der Bitte um hundert Schillinge, um die Prüfung zu einem Führerschein aller Klassen zu machen, setzte er tatsächlich seinen Kopf durch.

*

Ich bin der Erzählung vorangeeilt: Walters „Sängerknaben"-Zeit war inzwischen natürlich längst zu Ende gegangen, und er lebte auch während des Schuljahres zu Hause, besuchte die Oberrealschule in Waidhofen an der Thaya, nach 1935 — Vater war als Betriebskontrollor der österreichischen Bundesbahnen nach Mistelbach versetzt worden — die staatliche Oberschule in Laa an der Thaya. Walter war natürlich auch hier kein Musterschüler; aber, um gerecht zu sein, muß doch gesagt werden, daß seine Lernerfolge zufriedenstellend waren und ihm seine älteren Brüder nicht mehr als „Beispiele" vorgehalten wurden.

Neben dem „Technischen" spielte in jenen Jahren der Sport eine immer größere Rolle im Leben Walters. Schon als kleiner Knirps war er ein leidenschaftlicher Fußballspieler, und jagte eifrig hinter dem Ball her. Mit vierzehn Jahren spielte er gelegentlich als Ersatzmann in unserer Mannschaft, mit der wir auch Auswärtsspiele in Allentsteig, Göpfritz, Hoheneich und anderen Orten der engeren Heimat durchführten. Ich sehe in der Erinnerung den unermüdlichen Kleinen heute noch vor mir, in seiner moosgrünen Windjacke mitten im strömenden Regen unermüdlich bis zur letzten Spielminute um jeden Ball kämpfen. Später hat er sich dann auf Handball umgestellt und während des Krieges vorübergehend in einer bekannten Luftwaffenauswahlmannschaft gespielt.

Das Jahr 1936 brachte für die sportliche Jugend der Welt ein großes Ereignis, die Olympischen Spiele in Berlin. Wenige Tage vor Beginn der Sommerspiele stand eines Sommerabends der nun sechzehnjährige Bruder vor meiner Tür (ich hatte inzwischen absolviert und war bei der Versetzung des Vaters berufstätig im Waldviertel verblieben). Walter kam aus Mistelbach angeradelt und erzählte so nebenbei, daß er die Olympischen Spiele miterleben wolle. Er sprach davon wie von einem Ausflug ins nächste Dorf. Dabei hatte er weder Visum noch Reisepaß und ganze 70 Schillinge bei sich. Zuhause hatte er von einer größeren Österreichrundfahrt per Fahrrad gesprochen. Die Eltern waren dann nicht wenig erstaunt, als eine Karte aus Berlin eintraf! Auf Schleichwegen fuhr Walter mit seinem Fahrrad über die österreichisch-tschechische Grenze, durchquerte die ganze Tschechoslowakei und kam nach zwei Wochen auf dem gleichen Weg wieder zurück. „Streckenweise habe ich den Drahtesel auf dem Buckel getragen", erzählte er mir später von seinen damaligen „illegalen Grenzübertritten".

Von den Berliner Erlebnissen war Walter restlos begeistert. Besonders angetan hatten es ihm die Sportstätten des Reichssportfeldes, das Schwimmstadion und nicht zuletzt die eindrucksvollen Freilichtaufführungen auf der Dietrich-Eckartbühne.

Sportlich wurde in Berlin seine Leidenschaft für Leichtathletik entfacht und ihr hat er sich dann ganz verschrieben. Es blieb nicht beim Entschluß; nach Hause zurückgekehrt, begann Walter sofort mit hartem Training. Ein verständnisvoller Lehrer und ausgezeichnete Trainingskameraden machten aus ihm einen im Bundesland Niederösterreich bekannten Leichtathleten, der bei den Gebietsmeisterschaften im Speerwurf den ersten und im 1000-Meter-Lauf den dritten Platz errang. Zu dieser Veranstaltung radelte Walter 100 Kilometer weit quer durchs ganze Waldviertel; am Vortag hatte er in Litschau, in der Nordwestecke Niederösterreichs, im Brustschwimmen über 100 Meter als Gast in seiner Altersklasse den zweiten Platz errungen.

*

Die Jahre vergingen, aus dem kleinen allzu frechen Sängerknaben von einst war ein drahtiger Kerl geworden, der nicht mehr auf die Schulbank paßte. Der Mai 1939 brachte endlich den Abschluß: Die Reifeprüfung an der Oberschule Laa an der Thaya, die Walter recht ordentlich bestand. Im „Abschluß- und Reifezeugnis" vom 22. Mai 1939 wurden ihm u. a. folgende Benotungen erteilt: Deutsch — gut, Latein — gut, Mathematik — genügend, Physik — gut, Naturgeschichte — sehr gut, Geographie — sehr gut, Philosophischer Einführungsunterricht — sehr gut, und „Leibeserziehung" natürlich auch: „sehr gut".

Inzwischen war der Anschluß Österreichs an das Deutsche Reich vollzogen worden und damit war für Walter zunächst die Verpflichtung verbunden, nach dem Abitur ein halbes Jahr im damaligen „Reichsarbeitsdienst" zu arbeiten. Abgesehen davon, daß in unserem Elternhaus die

Vereinigung Deutschlands und Österreichs als Verwirklichung eines alten Traumes der Deutsch-Österreicher empfunden und willkommen geheißen wurde, hatte für den sportlichen Walter der Gedanke des Arbeitsdienstes keinerlei Schrecken.

Nach dem langen Schulbanksitzen war er zufrieden, draußen in der freien Natur eingesetzt zu werden, und von der Sportkameradschaft her war er es von vornherein gewohnt, mit Jungen aus allen Schichten der Bevölkerung zusammen zu sein.

Mutter erinnert sich, daß der RAD, wie man den Reichsarbeitsdienst abgekürzt nannte, Walter vom ersten Tag an „mächtig Spaß gemacht" hat. Sein Draufgängertum und seine Begeisterungsfähigkeit, seine später als Flieger so oft unter Beweis gestellte Einsatzfreudigkeit, die körperliche Härte und geistige Aufgeschlossenheit, erfuhren Förderung und Pflege im Reichsarbeitsdienst; eingesetzt wurde Walter bei Entwässerungsarbeiten in der Thaya-Gegend. Braungebrannt und gar nicht mehr weich und nachgiebig sich selbst gegenüber, kam er zum Wochenende regelmäßig die wenigen Kilometer zu den Eltern nach Hause.

Aus diesem Lebensabschnitt existiert bereits ein erster Bericht und zwar aus der Feder eines RAD-Berichters, der während des Krieges, als Walter schon ein bekannter Mann war, seinen Arbeitsdiensterinnerungen nachging und unter dem Titel „Arbeitsmann Nowotny am Thaya-Mühlbach" eine nette Geschichte darüber veröffentlicht hat:

„Dröhnend poltert der Zug über die Eisenbahnbrücke nach Laa zu, dem alten Standort des Oberfeldmeisters, wo er auf zwei kurze Tage zwischen den Einsätzen seine Frau und seine zwei Buben besuchen will. Noch eine Brücke: da fließt der Thaya-Mühlbach im tiefen, breiten Bett. Schöne, alte Erinnerungen werden wach. Der Oberfeldmeister sieht den alten Mühlbach wieder: Ein Saugraben war er, verschlammt, verwachsen, mit knorrigen, uralten Weiden an den Ufern, kroch er im Zickzack durch das sumpfige Land. Seine Aufgabe war es, mit seinen Arbeitsmännern dieses Rinnsal zu dem zu machen, was es heute ist, zum Kanal, der nun den Wasserüberschuß der anliegenden Felder aufnimmt. Die alte Baustelle wird noch einmal lebendig, es wimmelt von Arbeitsmännern, Dieselloks schleppen lange Kippzüge mit Erde, Schlamm und Lehm aus dem Profil. Dort flatterte der Baustellenwimpel und da drunten an der Holzbrücke, da war es doch, wo der Feldmeister Welsink mit dem Arbeitsmann Nowotny so eine Sache hatte. Genau genommen hätte der Arbeitsmann Nowotny damals drei Tage ,Bau‘ bekommen müssen für das Ding, das er ,gedreht‘ hatte.

Wenn irgendwo, zum Ärger des Zugführers, fünf Mann die Arbeit vergaßen, den Bauch auf den Spatenstiel stützten, so war der sechste in der Mitte bestimmt der Arbeitsmann Nowotny, der mit lebhaften Gebärden seine neueste Idee verzapfte. Wenn aber das Maß des Arbeitsmannes Nowotny wieder einmal fast voll war, ,konstruierte‘ dieser fünf Minuten vor dem Gewitter etwas, wie zum Beispiel das Motoradrennen auf dem Semmering, das er zum zwerchfellsprengenden Gelächter der Abteilung mit Gekreisch, Geknatter und den grausamsten Verrenkungen vorführte; und dann gewann er wieder einen Ablaß für tausend kleine Sünden.

Ab und zu kam sogar der alte Professor Zippe an der Abteilung vorbei und fragte nach dem ,Verschwörer‘, wie er seinen ehemaligen Schüler Nowotny nannte. ,Ich hatte gute Lust‘, sagte Professor Zippe einmal, ,den Nowotny mit Schwung durchsausen zu lassen, denn er hat mir so viele Streiche gespielt und nicht selten hat er mir die ganze Klasse durcheinandergebracht. Aber er wollte ja Flieger werden und so — nu ja!‘

Da bereitete der Krieg der friedlichen Arbeit am Thaya-Mühlbach ein Ende. Andere haben den Bau zu Ende geführt. Und mit all den Kameraden zog auch unser Nowotny nach vollendeter Arbeitsdienstzeit mit seinem Köfferchen zum Bahnhof.

Der kurze Ruck des haltenden Zuges und die drängenden Menschen mit Koffern und Schachteln brachten die Gedanken des Oberfeldmeisters wieder in die Gegenwart zurück. Am anderen Morgen ging der Ausrufer der Gemeinde Laa durch die Straßen und trommelte aus: ‚Nowotny kommt heute nachmittags nach Laa!' Alt und jung lief zum Bahnhof. Andere suchten unermüdlich den Himmel ab. Wie mag er wohl kommen, der Arbeitsmann, der Nowotny, der Träger der höchsten Tapferkeitsauszeichnung?

Da dröhnte es kurz nach Mittag über die Dächer von Laa, daß die Fenster klirrten, heulte in steilen Kurven um die Realschule und über die Arbeitsdienstabteilung, fegte im Tiefflug den Mühlbach entlang, stieg steil hoch, flog mit dem Fahrwerk nach oben, auf dem Rücken, stürzte und schlug zwei- und dreifache Saltos, verschwand im fernen Dunst und war im Nu wieder da, und alles schrie: ‚Nowotny, Nowotny!' Dann entschwand die Maschine endgültig in der Ferne. Da machte der Oberfeldmeister sich auf den Weg, denn morgen früh wird der neue Ersatz auf dem Appellplatz stehen. Ob noch einmal so ein Nowotny unter seinen Arbeitsmännern sein wird?"

Es wird ernst

Nur wenige Monate dauerte die, wie wir sahen, nicht allzu harte Zeit beim Reichsarbeitsdienst — dann wendeten sich die Ereignisse, nicht nur für Walter, sondern auch für uns alle. Der Zweite Weltkrieg begann ...

Noch als Oberschüler hatte sich Walter freiwillig zur Luftwaffe gemeldet. Daß er Soldat werden wollte, stand für ihn fest; auf die Fliegerei verwiesen ihn seine Draufgängerei und seine technische Leidenschaft. Allerdings gab es auch Hemmnisse — er war nicht schwindelfrei, was sich bei Bergwanderungen mit dem Vater einmal ganz überraschend herausgestellt hatte. Als wir einmal den Gipfel des Hohensteins hart an der Dreiländergrenze Deutschland-Tschechoslowakei-Österreich bestiegen hatten, war Walter nicht mit Gewalt zu bewegen, in die Tiefe zu blicken. Er zitterte am ganzen Körper und entriß sich den stützenden Händen des Vaters. Es gab mit Walter noch mehrere Erlebnisse dieser Art. Er behauptete später, daß es beim Fliegen im Gegensatz zum Bergsteigen kein Schwindelgefühl gebe.

Wie dem auch sei: Er hat damals keine Angst gehabt und er nahm am 1. Oktober 1939 strahlend von uns allen Abschied, um nun endlich Soldat und Flieger zu werden.

Walters Einberufungsbefehl lautete auf Breslau, die uralte deutsche Stadt an der Oder. In Breslau-Schöngarten, unweit der Stelle, an der später der unvergeßliche Jagdflieger Werner Mölders einem tragischen Flugunfall zum Opfer fiel, bekam der nunmehr Neunzehnjährige seine ersten

Kampfflugzeuge zu Gesicht; aber es sollte noch lange dauern, bis er endlich einmal selber in der Kiste sitzen und die Faust um den Steuerknüppel spannen konnte.

Drei Monate gründlicher Infanterieausbildung waren der harte Anfang. Doch das mußte sein und trug, wie Walter selbst gelegentlich sagte, viel zum besseren Verständnis der Leistungen der Infanterie bei seinen späteren Lufteinsätzen bei.

Auch die drei Monate Infanteriedienst gingen vorüber, und dann begann endlich die fliegerische Ausbildung mit all ihrem so sehr ersehnten und doch auch schwierigen Drum und Dran. An einem Wintertag war Walter dann endlich „flügge" und durfte zum ersten Alleinflug starten. Gleichzeitig erfolgten Beförderungen auf der militärischen Stufenleiter: Am 1. März 1940 wurde er Fahnenjunker-Gefreiter, kurz darauf Fahnenjunker-Unteroffizier.

Walter war damals entschlossen, Bombenflieger und zwar Stukaflieger zu werden, und er erhoffte sich eine Versetzung zur Schule Graz-Thalerhof. „Doch der Unteroffi-

---

Zur Wehrstammkarte 19 20 Nr. 9 Zuständiges Wehrbezirkskommando: Nikolsburg

Freiwilligenschein zum Eintritt in den Reichsarbeitsdienst aktiven Wehrdienst *)

Es wird bestätigt, daß sich der Nowotny Walter , Oberschüler
(Vor- und Familienname) (Beruf)

geboren am 7./12.1920 zu Gmund, Gmund, N.D.
(Ort, Kreis, Regierungsbezirk)

wohnhaft zu Riftelbach, Bahnstraße Nr. 30
(Ort, Straße, Hausnummer)

zum freiwilligen Eintritt in den Reichsarbeitsdienst aktiven Wehrdienst *) angemeldet hat.

Dieser Schein behält seine Gültigkeit bis zum 31. März 19

Riftelbach , den 26. Jänner 19 39

Die polizeiliche Meldebehörde (Meldestelle)

J. a.

Josef Schick
(Unterschrift)

zier denkt und Göring lenkt," schrieb er zu dieser Zeit; er landete vorerst in Schwechat bei Wien, nachdem seine Meldung zur Ausbildung als Sturzkampfflieger verworfen worden und mit der Entscheidung zum Jagdflieger seine fliegerische Laufbahn endgültig bestimmt war.

So fliegt Walter also ab 1. Juli 1940 in Schwechat und wird mit Wirkung vom gleichen Tage zum Fähnrich befördert. Fürs erste war es ein großartiges Gefühl, aus einer Jagdmaschine die heimatliche Wienerstadt mit ihren vertrauten Plätzen und Gebäuden tief unter sich zu sehen, aber der Ernst der fliegerischen Ausbildung hatte für derartige Romantik keine Zeit. Allzu sehr beherrschten waghalsige Einsätze und Schießübungen „bis zur Vergasung" den Tagesplan und die „alten Kisten", mit denen sie in Schwechat flogen, hatten auch ihre Mucken. Von seinem prächtigen Fluglehrer Hauptmann Arigi, einem bekannten Weltkriegsflieger und hervorragenden Kunstflieger, sprach Walter in begeisterten Worten.

Arigi war aus dem Mannschaftsstand hervorgegangen, hatte trotzdem im Ersten Weltkrieg zahlreiche selbständige Einsätze geflogen und war mit höchsten Orden ausgezeichnet worden. Zwischen den zersplitterten Enden eines Propellers hatte Arigi seine Kriegsauszeichnungen auf schwarzem Tuch in seinem Zimmer ausgebreitet. Walter bewunderte sie mit Staunen — es war der Hauch der ernsten kriegerischen Wirklichkeit, der ihm damals zum ersten Mal begegnete.

Weil gegen seine Stuka-Pläne entschieden worden war, wollte Walter zunächst wenig Begeisterung für die Jagdfliegerei zeigen, aber diese etwas widerspenstige Einstellung änderte sich bald und gründlich. Zwei Monate nach seinem Eintreffen in Schwechat zählte man ihn bereits zu den Fähigsten des Lehrganges. Walter war ein eifriger Schüler und arbeitete auch zielbewußt an sich selbst. Als einzige Anekdote aus dieser Zeit wird berichtet, daß er einmal im Eifer vergaß, vor der Landung das Fahrgestell auszufahren und eine Bauchlandung hinlegte, an der „alles dran" war.

Eine überraschende Inspektion der Jagdfliegerschule durch Reichsmarschall Göring brachte für den schon wieder ungeduldigen Fähnrich die Erfüllung seiner neuen Wünsche, die jetzt auf baldigen Kampfeinsatz zielten. Zusammen mit zwei anderen Kameraden wurde er am 15. November 1940 zur 1. Erg.-Jagdgruppe Merseburg versetzt. Erste Aufgabe wurde der Schutz der rings um die für Deutschland so lebenswichtigen Leunawerke am Himmel stehenden Ballonsperre. Hinter den Ballonsperren wurde rastlos an der Stickstoffgewinnung aus der Luft und vor allem an der Gewinnung von Benzin aus Kohle gearbeitet . . . An ihren scharfen Stahlseilen sollten angreifende Feindflugzeuge zum Absturz gebracht werden. Allen Erwartungen entgegen wurde dieser Einsatz für den tatenhungrigen Jagdflieger eine Enttäuschung: die Angreifer blieben aus, und so kam es zu keinerlei Kampfhandlung.

Am 1. Dezember 1940 zur Ersatzstaffel des J G 54 versetzt, gehört Walter erstmalig zum Geschwader seines späteren Freundes, des Majors Hannes Trautloft; niemand ahnt noch, daß der 20jährige Fähnrich Walter Nowotny wenige Jahre später selbst eine „As" dieses stolzen Geschwaders sein wird.

Noch ist von solcher Laufbahn nicht die Rede. Nach dem Polen- und Frankreich-Sieg herrscht „Ruhe vor dem Sturm". Walter meint schon, er habe den Fronteinsatz versäumt, er vergeht fast vor Ungeduld, endlich einmal „an den Feind" zu kommen. In zahlreichen Briefen an die Eltern klagt er sein Leid.

Am 23. Februar 1941 wird er wenigstens zu einem aktiven Kampfverband versetzt. Er hat sich bei der 9. Staffel der III. Gruppe des Jagdgeschwaders 54 zu melden. Im Vollgefühl des so lange ersehnten Ereignisses schreibt er an die Eltern:

„Jetzt bin ich endlich beim Frontverband. Bis jetzt war ich bei einer Staffel, die den Nachwuchs für den Frontverband stellt. Nun bin ich endlich für frontreif befunden und es kann losgehen! Wie mein Kommodore heißt, wollt Ihr noch wissen. Das will ich Euch gerne sagen — sobald der Krieg aus ist! Ich glaube, momentan legt er auf Popularität keinen allzugroßen Wert. Fliegerisch bekam ich übrigens wie nur noch zwei andere von 40 Mann die Beurteilung ‚Über Durchschnitt' und soldatisch die beste von allen. Und damit zog ich los und landete bei einer der besten Staffeln, der sogenannten Teufelsstaffel . . .‟

Noch ein Schritt vorwärts wurde getan: Am 1. April 1941 wurde Walter, rückwirkend zum 1. Februar, zum Leutnant befördert und damit Offizier.

Vorerst war es auch beim Kampfverband noch nicht atemberaubend, aber der junge Nachwuchs wurde in vielen Einsätzen unter den Fittichen der älteren Hasen kräftig herangenommen. Später bezeichnete Walter diese Zeit als äußerst nützlich: „Den besten Lehrer, den Du Dir vorstellen kannst, hatte ich dort", schrieb er rückblickend. Was er an technischem Rüstzeug mitbrachte, wurde praktisch vervollkommnet. Was er taktisch und einsatzmäßig lernte, wurde die Grundlage seiner späteren Erfolge.

*

Im Osten war unterdessen der deutsch-sowjetische Krieg ausgebrochen. Adolf Hitler hatte sich entschlossen, der Unsicherheit und Bedrohung mit Waffengewalt entgegenzutreten, den „Gordischen Knoten" mit einem Schwertstreich zu lösen. Schlagartig wurden die sowjetischen

Heeresgruppen, die im Norden unter Marschall Woroschilow, in der Mitte unter Marschall Timoschenko und im Süden unter Marschall Budjonny versammelt waren, durchbrochen, und in riesigen Heeressäulen drangen die deutschen Einheiten unter der Führung der Feldmarschälle von Rundstedt, von Reichenau, von Bock und Ritter von Leeb tief in den Osten ein. Bald war der fanatische Feind in erbitterten, teils sehr verlustreichen Kämpfen geworfen. Die rote Armee wich, teilweise in überstürzter Flucht, vor den deutschen Verbänden zurück. Die Welt hielt den Atem an.

Mit den Kameraden des Heeres und der Waffen-SS, die die entscheidenden Grenzschlachten auf der Erde schlugen, kämpften droben in der Luft die Flieger; die Jäger und die Bomber. Oft ermöglichten erst die Beobachter die größeren Einsätze des Heeres.

Die Luftflotte 4 flog aus Rumänien und Südpolen in Richtung Krim, Dnjepr und Don; die Luftflotte 2 aus Nordpolen Richtung Moskau und die Luftflotte 1 aus Ostpreußen nach Leningrad. Deutscherseits standen am 22. Juni 1941, dem schicksalhaften Beginn des Ostfeldzuges, 1280 einsatzbereite Flugzeuge, Kampfflugzeuge, Stuka, Jäger und Zerstörer zum Kampf bereit. Die Gesamtlänge der Front von Finnland bis zum Schwarzen Meer betrug aber etwa tausend Kilometer.

Ununterbrochen jagten die deutschen Maschinen über den strahlenden Himmel der ukrainischen Weite. Droben, über dunklen Wäldern und Sümpfen und über dem finnischen Meerbusen standen die deutschen Luftkampfverbände. Der Himmel schien ihnen zu gehören.

Walter aber war wieder nicht dabei. Noch nicht. Ein Prophet war er nicht; jedenfalls sah er die Zukunft sehr unzutreffend voraus, als er am 1. Juli 1941 ironisch an die Eltern schrieb:

„. . . Sonst braucht Ihr Euch keine Sorgen um mich zu machen. Auch dieser Krieg hier wird, wie alle anderen, ohne meine Mitwirkung gewonnen. Wenn mich einer etwas unsanft anrührt, spring ich ihm ins Gesicht. Ich verlege mich aufs Briefmarkensammeln oder Blumenzüchten, vielleicht habe ich dabei mehr Glück. Grüß Gott! Heil und Sieg sagen die anderen . . ."

Walter hatte zu früh orakelt, schon im nächsten Brief — am 21. Juli — gibt es echte Neuigkeiten:

„. . . Mit dem Markensammeln und Blumenzüchten ist es nichts geworden. Am Dienstag, den 10. Juli, zog ich in den Krieg. Mittwoch früh um 4 Uhr hatte ich bereits meine Feuertaufe bestanden, im Kampf mit einem viermotorigen russischen Bomber, der ein Schiff unserer Marine bombardieren wollte. Ich habe ihn zwar nicht abgeschossen, aber seinen Bombenwurf habe ich verhindert . . ."

Es sollte nicht mehr lange dauern bis zum ersten Erfolg; schon wenige Tage später konnte er berichten:

„Nun habe ich den dritten. Schön langsam geht es vorwärts. Wenn die Russen nur nicht so vorsichtig wären. Mit Müh und Not finden wir so alle Tage einen, der mit uns tanzen will. Das mußte bis jetzt noch jeder bitter büßen! . . ."

Freie Jagd über Ösel

Walters Geschwader verlegte in jenen Wochen zügig nach Osten, von Neukuhren über Pillau nach Dünaburg; es war ein verhältnismäßig ruhiger Abschnitt der Front, an dem sich der junge Hase seine Abschüsse mühsam holen mußte. Was aber alles auch an „ruhiger" Front geschehen kann, darüber hat Walter später einmal rückblickend selbst berichtet. Seine Niederschrift „Freie Jagd über Ösel" ist die ausführlichste Erlebnisschilderung aus Walters Feder, die erhalten geblieben ist. Ich füge sie hier so ein, wie er sie niedergeschrieben hat:

„Es fing im Sommer 1941 an, als ich oben in Ostpreußen war, mit einem Kreis junger Kameraden zusammen, von denen die meisten, wie ich selber auch, noch nicht übermäßig viel Fronterfahrung besaßen. Aber wir hatten alle den unbändigen Willen, Erfolge zu erringen. Das Fliegen handhaben wir längst so, daß wir darin nicht mehr unsere einzige Befriedigung sahen. Wir wollten fliegen und abschießen können, beides zugleich. Als unsere Ergänzungsgruppe, die in Ostpreußen lag, eine Einsatzstaffel aufstellte, da war es soweit. Wir verlegten mit der Staffel nach Windau in Lettland.

Eine trockengelegte Wiese als Platz, rings herum Moor, Sand und Föhren, mit einem Wort Gegend, nichts als Gegend! Wir ließen unseren Künstlern und Handwerkern freie Hand und schließlich entstanden dort schöne Holzhäuser als Unterkünfte und es wurde ein Stück Heimat, das sich sehen lassen konnte. Man erwartete allerhand von uns und ich glaube, unsere jugendliche Begeisterung damals hätte auch das tatsächlich Unmögliche für möglich erachtet, jedenfalls waren wir bereit, jeden, der uns brauchte, nach Kräften zu bedienen, ob es nun Begleitschutz hieß für unsere Kampfverbände, die auf Ösel flogen, oder Begleitschutz für Marinegeleitzüge, die nach Riga wollten oder Luftsicherung für Marinesuchboote. Jeder Einsatzauftrag war willkommen. Am liebsten war es uns natürlich, wenn der Einsatzauftrag „Freie Jagd" hieß.

Als wir kaum eine Woche dort oben waren, hatte der Leutnant Henkemeier, unser Urgermane, wie er bei uns hieß, seine ersten beiden Abschüsse nach Hause gebracht und es wurde nun wirklich Zeit, daß ich zeigte, aus welchem Holz ich geschnitzt war. Allerdings, wenn ich gewußt hätte, was mir am 19. Juli, als ich nachmittags mit dem Auftrag „Freie Jagd über Ösel" startete, außer drei Abschüssen noch bevorstehen würde, dann wäre ich wahrscheinlich mit etwas gemischteren Gefühlen die 80 Kilometer über See zur Insel Ösel hinübergeflogen.

Der Jägerplatz der Bolschewiken lag bei Arensburg. Als wir über dem Platz kreisten, wurden sofort 10 Jäger hochgeschickt. Zwei Curtiss J 153 wurden in einem haarigen Luftkampf meine ersten beiden Abschüsse. Als ich schließlich auf die Benzinuhr sah, stellte ich fest, daß es höchste Zeit war, heimzufliegen. Von meinem „Kaczmarek" war nichts zu sehen, er hatte mich bei der Kurbelei verloren. Ich gab ihm noch durch Sprechfunk meinen Standort durch, und daß ich heimfliegen wollte. Gut, also zurück!

Etwas später sah ich ein Flugzeug mit weißer Schnauze hinter mir und ich wackelte befriedigt. Hatte mich mein Kaczmarek also doch wieder gefunden! In welchem grundlegenden Irrtum ich mich aber damit befand, merkte ich erst, als es überall in meiner Maschine rummste. Leider war es kurze Zeit danach aus. Zwar hatte der Motor noch so lange mitgemacht, daß ich mich für den Überfall rächen konnte und dieser falsche Kaczmarek als dritter heute zu Boden ging, aber dann stand der Quirl.

Unter mir hatte ich noch Land. Aber dort hinunter kam nicht in Frage. Ich konnte mir ja ungefähr ausrechnen, daß ich die freie See noch erreichen würde. In ziemlich niedriger Höhe überflog ich schließlich eine kleine Bucht des schmalen Südzipfels der Insel. Dort unten sah ich ein Motorboot liegen und es schoß mir durch den Kopf: dort herunter, heraus aus der Maschine, ans Boot schwimmen und versuchen, damit zum Festland hinüber zu kommen. Aber gleichzeitig stand für Sekunden ein Bild vor meinen Augen, das ich in Wirklichkeit nicht gesehen haben kann. Ich bildete mir nämlich plötzlich ein, es stünden dort unten im Boot drei bewaffnete Bolschewiken, um mich gleich in Empfang zu nehmen und diese Vorstellung war so stark, daß ich sofort auf die immerhin verlockende, aber sicherlich gänzlich aussichtslose Sache mit dem Motorboot verzichtete.

Am Südzipfel Ösels stand ein Leuchtturm und dicht davor, an einer schmalen Sandbank, setzte ich auf das Wasser. Ich muß dabei mit dem Kopf an den Kabinenrahmen geschlagen sein. Jedenfalls wurde ich aus der Kabine herausgeschleudert und wirbelte im Wasser herum, bis mich die Schwimmweste, deren Hahn ich unter Wasser aufgedreht hatte, hochriß.

Die Fallschirmgurte schnitten mir dabei beinahe die Luft ab. Ich hatte vergessen, den Sicherungsknopf aufzudrehen und holte das schleunigst nach. Zu meiner großen Erleichterung fielen Gurte samt Schirm dann endlich ab.

Schließlich saß ich dann in meinem kleinen Schlauchboot und konnte einmal Atem schöpfen. Eigentlich war es herrlich. Himmlische Ruhe um mich herum, die See war bewegt, aber ich empfand das Berg- und Talfahren durchaus nicht unangenehm. Ärgerlich war, daß die Zigaretten durch das Wasser unbrauchbar geworden waren. Zu der anfänglichen Entspannung, die jetzt die aufregenden und angespannten Minuten des Kampfes so wohltuend ablöste, wäre die Zigarette ein großer Genuß gewesen. Später mußte ich dann einsehen, wie gut es war, daß ich die Zigaretten weggeworfen hatte. Ich hatte ja weder etwas zu essen noch zu trinken bei mir. Und in diesem Zustande wäre mir das Rauchen bei all den Strapazen, die noch vor mir lagen, schädlich geworden. Zum Glück ahnte ich durchaus nicht, was mir noch bevorstehen sollte. Man würde mich schon finden und herausfischen, hoffte ich und warf die nassen Streichhölzer einzeln über Bord, um die Strömung festzustellen und meinen Kurs danach zu richten. So schwamm ich nun als einsames gelbes Pünktchen mit meinem Schlauchboot und die Sonne sank immer tiefer, ohne daß irgendwelche Rettung nahte. Ich merkte, daß die Strömung mich nach Südwesten zu von Ösel wegtrieb. Zwar würde man mich wohl finden, überlegte ich, wenn heute nicht, so doch morgen. Aber zur Sicherheit wollte ich doch versuchen, möglichst dicht an das Festland heranzukommen, das genau südlich, etwa 60 Kilometer entfernt, liegen mußte.

Ich begann also mit den Händen zu paddeln und sah mit Genugtuung, daß die Entfernung zum Leuchtturm langsam größer wurde. Seltsamerweise hatte man übrigens am Leuchtturm von mir anscheinend keine Notiz genommen. Aber vielleicht hatten die dort angenommen, daß ich sowieso absaufen würde. Und dann wurde es dunkel. Der Sternenhimmel war klar und ich versuchte weiter nach Süden zu kommen. Den Polarstern im Rücken, zog ich unentwegt die Handflächen durchs Wasser. Ich hatte nur ein Polohemd, Stiefelhosen und Socken an, die Pelzstiefel hatte ich noch im Wasser rasch abstreifen können.

Trotz meiner leichten Bekleidung und obwohl es mich am Morgen, kurz bevor die Sonne hochkam, leicht fröstelte, spürte ich von der Nachtkälte eigentlich weiter nichts, denn das Paddeln mit den Händen machte warm. Das ging den nächsten Tag über so weiter.

Am nächsten Tag war der Leuchtturm nur mehr halb so groß sichtbar. Am Vormittag flogen mehrere Me 109 die See ab, aber alle Versuche, mich bemerkbar zu machen, scheiterten. Als einmal zwei Me 109 ganz nahe vorbeiflogen, gab ich aus meiner Mauserpistole zwei Schüsse ab. Mit dem ausgezogenen Hemd winkte ich. Aber es war dunkelblau und konnte natürlich nicht auffallen. Nicht einmal das knallgelbe Schlauchboot sah man!

Also mußte ich allein und ohne Hilfe das unmöglich Scheinende versuchen. Das war die bittere Erkenntnis, die den ersten Tag beschwerte. Es wurde sehr heiß. Das empfand ich doppelt, weil ich den Durst nicht löschen konnte. Zeitweilig hielt ich mir das Hemd über den Kopf, um mich vor der Sonne zu schützen. Aber ich mußte ja meine Hände zum Paddeln gebrauchen. Als durch das Scheuern an der Schlauchbootwand meine Arme unter den Achseln wundgescheuert waren und wie Feuer brannten, versuchte ich eine andere Methode. Ich warf den kleinen Treibanker voraus und zog das Boot daran nach. Außerdem hatte ich damit zu tun, auf die fortwährend ins Boot schlagenden Brecher zu achten.

Von Ösel war nichts mehr zu sehen. Mit Hilfe der Fliegeruhr konnte ich Himmelsrichtung und Kurs bestimmen. Wo ich mich befand wußte ich sehr bald nicht mehr. Helfen konnte mir nur noch mein Glück, aber auch das — ich sah dies ein und richtete mich danach — nur so lange, als ich Zähigkeit und Ausdauer besaß, ihm in die Arme zu arbeiten. Die Stille, die ich gestern noch himmlisch empfunden hatte, bekämpfte mich heute lautlos und zäh zusammen mit dem Wasser, das mir die Haut an allen Druckstellen wundfraß und das Boot vollzuschlagen drohte.

Als die Sonne das zweite Mal drüben im Westen als feurige Kugel ins Wasser zu steigen schien, genoß ich das herrliche Bild nicht mehr wie am Abend zuvor, als ich das rötlich und wohltuend spiegelnde Licht und die milde Luft dazu so schön und angenehm empfunden hatte, sondern empfand eigentlich nur Widerwillen und nichts weiter sonst. Ich war durstig und der Salzgeschmack, den die Luft trug, machte das Übel nur noch größer.

Die Stille der zweiten Nacht wurde gegen Mitternacht jählings unterbrochen, als ich zwei schwarze Schatten auf mich zuwachsen sah und zugleich in haarsträubender Nähe Wasserfontänen knallend hochstiegen. Wenn es sowjetische Kriegsschiffe wären und sie beschossen mich, so hätte ich das Mündungsfeuer sehen müssen. Aus unmittelbarer Nähe erkannte ich dann zwei sowjetische Zerstörer, die mit hoher Fahrt gegen Osten zogen und von Süden her beschossen wurden. Aus Furcht, entdeckt zu werden, breitete ich alles Verfügbare auf dem Bootsrand aus, um die Farbe zu verdecken. Ich blieb unbemerkt . . .

Die Folge dieses Abenteuers aber war ein erster heftiger Erschöpfungszustand, der mich vorübergehend befiel. Und doch hatte mir dieser Vorfall wieder neuen Mut gegeben, denn es konnte nur deutsche Küstenartillerie gewesen sein, von der die Einschläge herrührten. Die Entfernung zum Festland konnte also höchstens noch 12 Kilometer sein.

Aber als der Tag graute, sah ich wieder nichts als Wasser und dann begann der Kampf mit mir selbst. Die Sonne brannte unerträglich heiß, das Durstgefühl war qualvoll, die hockende Stellung verursachte Muskelkrämpfe und zu allem kamen die Schmerzen von den vielen wundgefressenen Hautstellen. Es hilft nichts, dachte ich, du mußt krepieren, aber ehe du so elend verreckst, machst du lieber selbst ein Ende. Mit dem noch vorhandenen silbernen Füllbleistift begann ich „Liebe Eltern" auf den Bootsrand zu schreiben. Vielleicht fand man das Boot.

Aber als ich das Wort „Liebe" geschrieben hatte, warf ich den Bleistift ins Boot und versuchte doch wieder weiter zu paddeln. Zweimal nahm ich die Pistole in die Hand und entsicherte sie, aber dann steckte ich sie endgültig ein.

Am nächsten Morgen wurde ich durch ein unbehagliches Gefühl langsam wach. Es rieselte fortwährend an mir kühl entlang. Ich fand jedoch zunächst keine Erklärung. Ich mußte erst wie durch eine Wolke hindurch, ehe mich eine Erinnerung an ein undeutliches Bild hochriß: ein halbdunkler Küstenstreifen und weiße Gischt von an Land rollender Brandung. Und so war es auch gewesen! Ich hatte plötzlich die Küste vor mir gesehen, war darauf zu gepaddelt, obwohl ich jetzt noch nicht weiß, wo ich die Kraft dazu hernahm, hatte einen sanften Stoß gefühlt, mich seitlich aus dem Boot herausgekippt, unter Knien und Händen dickkörnigen Sand gespürt, mich ein oder zwei Meter daran hochgezogen — und dann das Bewußtsein verloren.

Jetzt kroch ich durch Stacheldrahtsperren am Ufer bis zu einem Bauernhaus und dort muß ich dann neuerdings das Bewußtsein verloren haben.

Als ich aufwachte, lag ich jedenfalls in einem weichen Bett, mit einem weißen Nachthemd bekleidet und neben mir auf einem Schemel lagen meine Sachen und obenauf die Pistole. Zu meinem Entsetzen sah ich zwei Soldaten in russischer Uniform und griff nach der Pistole. Noch rechtzeitig erkannte ich an der Armbinde, daß es lettische Hilfsfreiwillige waren. Der Ort hieß Mikelbaka und ich werde den Namen wohl niemals vergessen.

Die Küstenartilleristen, die sich dann um mich kümmerten, waren dieselben, die in der Nacht auf die Zerstörer geschossen hatten. Sie erinnerten sich, weit entfernt einen gelblichen Gegenstand gesehen zu haben, den sie für eine Boje hielten.

Bei meiner Staffel hatten sie schon meine Sachen zusammengepackt und wollten gerade meine Eltern benachrichtigen. Als ich nach einer Woche wieder flog, wurde ich über See ein widerwärtiges und beklemmendes Gefühl nicht los. Erst nach vierzehn Tagen, als ich an derselben Stelle bei dem Leuchtturm an der Südspitze von Ösel einen russischen Bomber ins Wasser geschickt hatte, war diese Scheu wieder überwunden."

Soweit Walters ausführliche Schilderung; den Eltern aber schrieb er danach nur kurz: ...„Kummer braucht Ihr Euch keinen zu machen um Euren Benjamin. Wer einmal totgeglaubt war, hat ein langes Leben..." Und weiter: „Inzwischen habe ich Nummer 4, 5 und 6 runtergeholt und dabei soll es nicht bleiben. Bis zum nächsten Heil und Sieg!..."

Dieses und jenes am Rande eines Fliegerlebens

Inzwischen war der August 1941 herangekommen und Walter erhielt für seine ersten zehn Abschüsse das Eiserne Kreuz I. Klasse, das wegen seiner vielen Tiefangriffe gleich „Flurschaden-EK I" getauft wurde.

Da seine, während eines Tiefangriffes auf ein sowjetisches Schnellboot angeschossene Maschine wieder in Ordnung gebracht werden mußte, fuhr Walter auf Urlaub nach Königsberg. Es goß in Strömen und in einer Kurve verlor der Fahrer auf der glitschigen Straße die Herrschaft über den Wagen, der mitten in den Wald hineinbrauste. Ein gebrochenes Schlüsselbein war die Folge.

„Ein anständiger Flieger fliegt eben, wenn ihm nichts passieren soll und läßt die Finger vom Autofahren", meinte Walter zu diesem Pech. Er wollte sofort wieder aus dem Lazarett, aber er hatte die Rechnung ohne den Stabsarzt gemacht. Dabei sollte in einer Woche meine Hochzeit in Heidenreichstein stattfinden und wir alle hofften natürlich, ihn als Trauzeugen bei uns zu haben. Dieser Traum schien ausgeträumt.

Aber als wir uns am 31. August 1941 im Hause meiner Schwiegereltern zum Gang ins Standesamt versammelten, stand Walter, den Arm in der Schlinge, plötzlich in der offenen Haustür. Bei Nacht und Nebel war er aus dem Lazarett in Königsberg ausgerückt!

Die Folgen dieses Streiches blieben nicht aus: zwei Tage später wurden die Schmerzen unerträglich, Walter mußte nach Wien ins Lazarett und behielt als Erinnerung an die unterlassene Behandlung eine schiefe Schulter. Zu meinem späteren Rat, sich das Schlüsselbein wieder geradeleimen zu lassen, meinte er nur: „Zuerst müssen wir den Krieg gewinnen, dann wird auch für solche Kleinigkeiten Zeit sein."

Mit kaum verheiltem Bruch war Walter auf sein Drängen wieder zur Front entlassen worden — und dann wäre ihm schon der erste Frontflug um Haaresbreite zum Verhängnis geworden: Infolge eines technischen Fehlers fing die Maschine kurz nach dem Start plötzlich zu brennen an. Er konnte gerade noch landen, und im letzten Augenblick herausspringen. Dann riß eine Explosion die Maschine auseinander. „Da denkt man in einer Sekunde sein halbes Leben durch..." schrieb Walter dazu.

*

Ein andermal, wenige Tage später, bekam er während eines Luftkampfes einen Kanonentreffer. Durch die Wirkung des Geschosses wurde die Panzerplatte hinter seinem Rücken, der Tank und ein großes Stück vom Hosenboden, sowie von der Uniformbluse abgerissen. Walter brach sofort den Luftkampf ab und kam auch glücklich bis zum Fliegerhorst. Da er es aber nicht unterlassen konnte, seinen vorher erzielten Luftsieg anzuzeigen, und wackelnd über den Platz brauste, hatte er das Pech, daß der Motor plötzlich wegen Benzinmangel ausfiel. Das Fahrwerk war schon ausgefahren und die schon zu niedrig fliegende Maschine streifte den Wall einer Flakstellung. Sie überschlug sich. Erst nach 20 Minuten konnten ihn die Kameraden mit Hilfe einer Kreuzhacke aus dem Lehm herausbuddeln.

Das war schon in den Tagen oben am Wolchow — als Walter und sein Rottenflieger als „Max und Moritz" dem ganzen Frontabschnitt bekannt waren und es vor allem um Schnelligkeit ging. Walters Staffelkamerad Oberleutnant Fischer erzählte später: „Kaum hatte Nowotny sich die Lehmpfropfen aus Augen, Nase und Ohren gewischt, als er schon wieder aus dem fahrenden Saniwagen heraussprang, an die nächste startklare Maschine lief, um zu neuem Feindflug loszubrausen."

*

Aus jener Zeit stammt auch der interessante Bericht eines Kriegsberichterstatters über die technische Seite der sich mehrenden Abschußerfolge:

„Wir wollen, wenn wir das weitere Leben dieses kühnen Fliegers einer späteren Beschreibung überlassen, eines nicht vergessen. Es ist das Lob der Techniker, von denen Nowotny nie zu sprechen vergaß, wenn er über das Zustandekommen seiner Erfolge befragt wurde.

Es war immer ein herrliches Gefühl, sagte Nowotny dabei einmal, zu wissen, daß man sich auf seine Techniker verlassen konnte. ‚Jedesmal, wenn ich mit Erfolgen heimkam, hatte ich eine riesige Freude, einfach darum schon, weil ich ihnen gezeigt hatte, daß ich ihre Mühe und Aufopferung durch meine Abschüsse vergelten konnte. Denn nichts hat sie so glücklich gemacht und Hitze und Kälte und Übermüdung vergessen lassen, wie das Bewußtsein, daß alle Aufopferung mit den erzielten Erfolgen immer wieder ihren Sinn fand. Im strengen Winter 1941/42 war meine Maschine kein einziges Mal unklar und das will wohl etwas heißen! Sie hätten sich ja leicht damit zufrieden geben können, wenn ich nach einem Fluge keine Beanstandung äußerte, aber das hielt sie trotzdem nicht ab, die Maschine jedesmal wieder auseinanderzurupfen, um jeden einzelnen Teil noch einmal zu überprüfen. Störungen, die sich durch bessere Wartung hätten vermeiden lassen können, sind darum auch an meiner Maschine niemals aufgetreten. Zwei meiner Techniker, Oberfeldwebel Schröder, der

Oberwerkmeister der 1. Staffel und mein ‚Max‘, der ehemalige Uffz. Heger, haben sich durch ihre draufgängerische Haltung während feindlicher Bombenangriffe zu ihrem Kriegsverdienstkreuz 1. Klasse mit Schwertern das EK II verdient. Einmal schossen sie während eines Angriffes zwei Bomber herunter, ein anderes Mal löschten sie getroffene und in Brand geratene Maschinen, während ringsherum die Bombeneinschläge lagen. Wahrhaftig, ohne die prächtigen Techniker, meinen nicht klein zu kriegenden Unteroffizier Hommerding besonders mit eingeschlossen, wären meine Erfolge undenkbar! Und daß der Weg von ihnen zurückführt zu all den ungezählten Händen, die an den Maschinen gearbeitet haben, ehe sie zu uns herauskamen, das sollte man nie vergessen, wenn von den Erfolgen gesprochen wird.‘ “

*

Das Wort „Urlaub“ kam nicht ernstlich vor in Walters Wortschatz. Obwohl in seiner, in der Nervenmühle jenes so harten Krieges rauhgewordenen Schale ein liebevolles Herz für seine Mutter schlug, hat er sie doch damals bitter enttäuscht. Zu einem 14tägigen Urlaub nach Wien war er angesagt und auch pünktlich eingetroffen, aber schon nach drei Tagen hielt er es zu Hause nicht mehr aus: „Wo doch draußen die Kameraden in Schlamm und Dreck auf mich warten“. Er brach den Urlaub ab; Mutter war traurig, aber Vater war stolz und ich auch, als ich davon hörte. Was war aus dem kleinen Walter geworden, den ich zehn Jahre vorher noch als „Weichling“ von der Wanderung nach Hause geschickt hatte?!

„Nowy's" Aufstieg beginnt

Inzwischen war der Sommer 1942 herangekommen. An allen Fronten drangen aufs neue deutsche Soldaten in kühnem Anlauf vorwärts. Die Tage von 1940 und 1941 schienen sich zu wiederholen.

Aus Afrika kam die stolze Siegesnachricht: Rommel hatte mit seinem kühnen Afrikakorps und den italienischen Verbänden die britische Front eingedrückt! Tobruk war gefallen. Mit 25 000 Mann marschierte der geschlagene südafrikanische General Klopper in deutsche Gefangenschaft. Die ägyptische Grenze war zum Greifen nahe. In der Ferne tauchte in der Hoffnung der deutschen Landser bereits der Suez auf, der Nervenstrang Old Englands.

Wenige Tage später gelang es, Sewastopol zu stürmen und den dortigen heldenhaften Widerstand der Roten Armee zu brechen, die diese Festung mit 140 000 Mann verteidigte!

Im Kaukasus hatten unterdessen die deutschen Divisionen im gewaltigen Sturm über den Kuban vorstoßend, Maikop genommen und kämpften sich gegen hartnäckigen Widerstand der Roten Armee durch die Kalmückensteppe. Ihnen zur Seite standen rumänische und slowakische Einheiten. Auf dem Elbrus hißten tollkühne deutsche Gebirgsjäger die deutsche Reichsflagge. Nordwestlich und südlich von Stalingrad gewann der Angriff, trotz verzweifelter sowjetischer Gegenwehr, weiter Raum.

Schon lag Stalingrad, in dem lodernde Brände wüteten, im Hagel deutscher Bomben. Die Schicksalsstunde des deutschen Kampfes im Osten kam heran.

*

In diesen Tagen, am 4. September 1942, verlieh Adolf Hitler als Oberster Befehlshaber der Großdeutschen Wehrmacht dem Leutnant Walter Nowotny nach seinem 56. Luftsieg das Ritterkreuz zum Eisernen Kreuz. Nicht weniger als sieben dieser Abschüsse hatte Walter an einem Tag erzielt.

„Das Wort ‚Abschüsse' wurde an diesem Tage groß geschrieben (so schilderte danach Kriegsberichter Rudolf Dietrich diese erstaunliche Leistung). Als es erstmals laut wurde, ließ der Leutnant seine Bratkartoffeln stehen und rannte aus der Baracke ins Freie. Er mußte zu seinen Kameraden und den Männern des technischen Personals, die am Rande des Rollfeldes einen wildtobenden Haufen bildeten ... Zwei Staffeln kehrten vom Feindflug zurück, die sowjetische Bereitstellungen vor Leningrad mit Bomben schweren und schwersten Kalibers belegt hatten. Nun löste sich Flugzeug um Flugzeug aus dem satten Blau des Himmels und fegte wakkelnd über den Platz ... Abschüsse, Abschüsse ... Die schnittigen Me 109 setzten zur Landung an. Nur eine wollte nicht zur schützenden Grasnarbe zurückfinden: die Me 109, an deren Knüppel Leutnant Nowotny saß. Viermal brauste er im Tiefflug wackelnd über den Platz, während das Getöse der wartenden Kameraden an Lautstärke zunahm. Vor knapp zwei Stunden war Leutnant Nowotny mit drei Abschüssen vom ersten Einsatz des Tages zurückgekehrt, und mit den vieren, die er soeben wackelnd angekündigt hatte, ergab das sieben Abschüsse. Und das innerhalb weniger Stunden! Ein außergewöhnlicher Erfolg dieses jungen 21jährigen Jagdfliegers, der auf dem besten Wege ist, Anschluß an die Spitzenklasse unserer Jagdflieger zu finden.

Als sich Leutnant Nowotny der vielen Gratulanten erwehrt hat, berichtet er mit glückstrahlendem Gesicht von seinem erfolgreichen Einsatz. ‚Die äußeren Umstände waren günstig. Ausgezeichnete Sicht und die zahlreichen sowjetischen Jäger, die sich pulkweise im Blau des Himmels tummelten und vermutlich glaubten, sich an unsere bombenwerfenden Maschinen ungesehen heranpirschen zu können, ließen einiges erwarten. Na, und so kam es denn auch! Als ersten erwischte ich eine J 18, machte einen Abschwung und brachte meine Me 109 in Abschußposition. Nach einigen Feuerstößen ging er gleich brennend nach unten weg. Die anderen hielten eiligste Flucht für den besseren Teil der Tapferkeit. Aber meine Me war schneller. Über den Dockanlagen an der Newamündung kam der am weitesten links fliegende der vier Ausreißer in mein Fadenkreuz. Zwei Feuerstöße, und schon montierte die Rata ab. Rumpf und Flächen segelten brennend in die Tiefe. Von unten schoß die Flak wie rasend. Ich machte kehrt und kam gerade zur rechten Zeit. Vier J 18 suchten, von hinten Anschluß an unsere Kämpfer zu finden. Und da dies zweifellos mit bösen Absichten geschah, nahm ich schon beim Hochziehen einen der Sowjetjäger an und ließ ihn durch meine Feuergarbe fliegen. Der Erfolg war verblüffend. Augenblicklich stellte er sich auf den Kopf und ging, sich öfters überschlagend, mit schwarzer Rauchfahne in die Tiefe. Das war der sechste Abschuß an diesem Tage. Nummer Sieben ließ nicht lange auf sich warten. Ich dachte schon an den Rückflug, als plötzlich eine Rata unter mir hochkurvt. Ich drücke gleich an und die Mühle trudelte sofort nach unten ab.' "

Das war des „kleinen Bruders" 48. bis 54. Luftsieg!

*

Natürlich ging es nicht immer so glatt — es war Herbst 1942 geworden und der sowjetische Widerstand verhärtete sich immer mehr. Im Süden begann mit einer Gegenoffensive der Sowjets die große Schlacht um Stalingrad. Walter blieb zunächst weiter im Norden eingesetzt und hatte neben harten Kämpfen auch sonstige Abenteuer zu bestehen. Sein „Kaczmarek" genannt „Quax", mit bürgerlichem Namen Karl Schnörrer, berichtet aus jenen Monaten:

„Nach der Schlappe bei Stalingrad hatte man gerade als Jäger oft das unangenehme Gefühl, daß auch hier bald eine Änderung eintreten würde, denn überall vom russischen Hinterland her, rollten ununterbrochen Verstärkungen an die Front. Wegen der im Raume Ilmensee–Staraja Russa bereits heftig tobenden Kämpfe verlegte unsere Gruppe nach Rehilbizi im südlichen Nordabschnitt. Der neue Platz war eine ausgesprochene Sandwüste inmitten weiter Waldgebiete. Wir mußten fast täglich Begleitschutz für Stuka-Verbände fliegen und es kam jedesmal zu Luftkämpfen.

Nowotnys Stammschwarm, er selber, Rudi, Toni und ich flogen vom Ilmensee bis Staraja-Russa und versuchten, diesen Luftraum von feindlichen Flugzeugen zu säubern. Plötzlich sah ich den Himmel mit Russen übersät. ,Kreuzdonnerwetter', schrie ich in mein FT, ,da hängt ja der Himmel voller Geigen!'

Sekunden später war unser Schwarm zwischen 50 bis 60 russischen Jägern eingeklemmt. Die Russen setzten sich uns sofort ins Genick. Im Laufe des Luftkampfes entwickelten sich Kreise, in denen jeder von uns auf die Gelegenheit zum Schuß lauernd hing. Kometenhaft flogen die Leuchtspurfäden in alle Richtungen. Nach 40 Minuten Luftkampf hatte noch keiner von uns einen Erfolg zu verzeichnen, dafür hatte ich aber meine Kiste restlos vollgeschossen bekommen. In der Kabine herrschte dumpfe Hitze. Ein Blick auf die Benzinuhr zeigte, daß höchste Zeit zur Rückkehr war.

Plötzlich schrie Nowotny durchs Mikrophon: ,Die Russen haben mich angeschossen, meine Flächen treiben Blasen!' So sagt man allgemein, wenn nach einem Einschuß durch den Luftzug das Metall der Fläche hochgezogen wurde. Waren mehrere Einschüsse an

46

einer Stelle, montierten daraufhin oft größere Flächenteile ab.

Verzweifelt schüttelten wir unseren Gegner ab und machten uns im Tiefflug davon. Wir merkten noch, daß Nowy immer langsamer wurde und hörten durchs FT sein Toben. Von außen konnte man jedoch an seinem Flugzeug wenig sehen. Kaum einige Meter unter uns standen die Baumwipfel und nur ein winziges Versagen des Leitwerkes hätte genügt, ein Jagdfliegerleben jäh zu beenden.

Vier Minuten später kam der vorgeschobene Feldflughafen Tuleblja in Sicht. Nowy fiel wie ein wundgeschossener Adler in die Landebahn ein und schoß Notsignale, um die Bodenmannschaft auf die Gefahr aufmerksam zu machen. Mit 170 km Geschwindigkeit setzte er am Platz auf. In diesem Moment schon schlugen die Flammen aus Motor und Rumpf. Nowotny mußte auch in seiner Kabine die Hitze verspürt haben und sich geistesgegenwärtig losgeschnallt haben, denn plötzlich schoß er das Kabinendach ab und sprang bei einem Rolltempo von 80 bis 100 km im Hechtsprung aus seiner Maschine, in den weichen Sand des Platzes. Während er sich überschlug, rollte das Flugzeug noch 30 m weiter und explodierte. Die Wucht der Detonation sprengte die Maschinenteile hundert Meter im Umkreis durch die Luft.

Es ist aufschlußreich zu wissen, wie eine derartige Explosion zustandekommt. Wenn ein Flugzeug vollgetankt in der Luft beschossen wird, so beginnt zwar das Benzin zu brennen und das Flugzeug zieht eine lange Rauchfahne hinter sich her, oder es brennt hellauf. Ist aber der Tank über die Hälfte leergeflogen, besteht zu 90% die Gefahr, daß, wie in diesem Falle bei Nowy, sich die im Tank gebildeten gefährlichen Benzingase durch Beschuß von Leuchtspurmunition oder durch anfressenden Brand entzünden und in gewaltiger Explosion das Flugzeug zerreißen. Die Explosion kann mit solcher Heftigkeit erfolgen, daß, wie bei Nowotny, ein fast 15 Zentner schwerer Motor siebzig Meter zur Seite geschleudert wurde."

*

Daß es im Ernst des fliegerischen Handwerks auch heitere Stunden gab, zeigt folgende ebenfalls von „Quax" alias Schnörrer erzählte Episode:

„Über Leningrad, der roten Metropole des Nordens, wurde es immer lebendiger. Der Raum, den wir so schön saubergekämpft hatten, wimmelte bald wieder von russischen Flugzeugen. Man hätte glauben können, sie würden sich wie die Fliegen in den riesigen Sümpfen vermehren. Unsere Kampfverbände hatten noch manchen Großeinsatz auf die Hafenanlagen Leningrads zu fliegen, wir natürlich dann immer großen Begleitschutz für die He 111-Verbände. Bei einem dieser Einsätze kam es zu einer wilden Kurbelei mit russischen Jägern.

‚Ich muß nach Hause, ich muß nach Hause!' hörten wir plötzlich Egon durch das FT brüllen. Jeder von uns dachte, daß Egon, der so kurz und drängend durch sein Mikrofon heulte, angeschossen sei. Seine wegdrückende Maschine wurde sofort von Rudi begleitet und schützend vor und hinter ihm pendelte die ganze Staffel dem heimatlichen Flugplatz zu. Auf Rückfragen bei Egon erhielten wir immer die gleiche Antwort: ‚Ich muß heim, ich muß heim!'

Egon war als schneidiger Pilot bekannt und es mußte etwas ganz Schlimmes sein, wenn er derart jammerte. Ohne eine Platzrunde zu drehen, drückte Egon sein Flugzeug herunter und landete. Wir kurvten schützend über den Platz und sahen noch das verständigte Bodenpersonal an die ausrollende Maschine heraneilen. Der Motor lief noch, als sich das Dach öffnete, Egon aus seiner Maschine sprang, seine Lederkombination und Hose herunterriß und in gebückter Stellung sein Hinterteil den erstaunten Technikern und den oben kreisenden Kameraden zeigte.

Im FT begann ein Geschnatter und Gelächter und auch wir setzten nun zur Landung an. Egon wurde mit allen erreichbaren Gegenständen bombardiert und außer Grasbüscheln und Holzklötzchen bekam er noch die nettesten Schimpfwörter an den Kopf geschmissen. Unverfroren drehte er sich jedoch herum und sagte: ‚Es kann wohl keiner von mir verlangen, daß ich in die Hose . . .' "

*

Das Jahr 1943 kam heran. Stalingrad, die schicksalhafte Stadt an der Wolga, war endgültig zum Brennpunkt des Geschehens im Osten geworden. Stalin selbst kümmerte sich beinahe um jede Phase dieser Schlacht und warf Division um Division an die Front. Verbissen und zäh wehrten sich die deutschen Soldaten, deren langer Nachschubweg alsbald unterbrochen wurde, auf beinahe schon verlorenem Posten. Die Sowjets hatten gegen sie 600000 Mann eingesetzt. Die westlichen Alliierten, vor allem die USA, sandten Tag und Nacht Kriegsmaterial für die Rote Armee. Ausgeblutet und halbverhungert, ohne genügend Munition, unterlag dann schließlich der deutsche Soldat. Bei der eingeschlossenen deutschen 6. Armee befand sich auch unser Bruder Hubert, der als Oberleutnant und Batteriechef in Stalingrad blieb. Walter schrieb an unsere Eltern:

„Nun habe ich auch einen Brief von Hubert dabei, vom 1. Januar 43. Da schreibt er dasselbe wie Euch, von der großen Scheiße. Aber zuversichtlich, wie sie alle waren, die Braven von Stalingrad. Er schreibt zuletzt noch: ‚Bei Euch oben ist ja jetzt auch wieder allerhand los — Stalingrad grüßt Leningrad! Dein alter Hubert!' Das wird wohl das letzte Lebenszeichen sein, das wir von ihm bekommen haben. Wir müssen uns damit abfinden, liebe Eltern, besonders Du, liebe Mutter. Denke daran, daß ihr Opfer nicht vergeblich war und daß sie allen anderen Soldaten das Rückgrat gestärkt haben. Du darfst nicht traurig sein, Mutter, stolz mußt Du sein auf unseren Hubert.

Morgen früh gehts wieder los und ab nun fliege ich nicht mehr allein in meiner Maschine, fliege immer mit unserem guten Hubert!

Kopf hoch, liebe Eltern und tragt es mit Würde!"

*

Der Zweite Weltkrieg war für die Deutschen in seine tragische Endphase eingetreten. Für Walter freilich wurde sie zunächst die Phase seines großen soldatischen Triumphes.

Schon im Frühjahr 1943 mehrten sich die Nennungen des Namens Nowotny in den amtlichen Berichten des Oberkommandos der Wehrmacht und ließen Freund und Feind aufhorchen.

Mit Wirkung vom 1. Februar 1943 zum Oberleutnant befördert, war Walter nun nicht mehr Staffelkapitän, sondern schon Führer der I. Gruppe des Trautloft-Geschwaders, der sog. „Grünherzjäger".

Er wurde für die höhere Luftwaffenführung ein Begriff und damit veränderte sich auch sein Einsatz. Die Wolchow-Kämpfer mußten nun häufig auf „Max und Moritz" verzichten. Man holte seine Gruppe auch in andere Abschnitte der Ostfront, wo es nach der verlorenen Stalingrad-Schlacht an allen Ecken und Enden brannte.

Im Brennpunkt der Schlachten

Hatte Walter bisher gelegentlich über mangelnde Abschußmöglichkeiten geklagt, so gab es jetzt mit dem wachsenden Wiedererstarken der sowjetischen Luftwaffe überall mehr als genug für die deutschen Jagdflieger zu tun.

Noch war Walter ein zwar bekannter Jagdflieger, aber andere hatten bereits beträchtlich größere Erfolge erzielt. Sein neuer Gruppenkommandeur, Major Philipp, hatte damals gerade seinen 203. Gegner im Luftkampf abgeschossen. Begeistert sprach Walter in einem Brief vom 26. März 1943 von diesem großen Soldaten, von dem Vorbild, das er ihm bot und von den Kampfleistungen, die nun in fast pausenlosem Einsatz vollbracht wurden:

„Wir haben dem Iwan auch arg zugesetzt. Ich habe mit meiner Staffel in den letzten zwei Monaten über 100 Russen abgeschossen. Gestern habe ich die ersten Spitfire bei uns hier heruntergeholt und somit meinen 79 sten. 21 Stück noch — bis zum nächsten Urlaub wird es wohl klappen. Das soll nicht heißen, daß ich urlaubsbedürftig bin — nein, im Gegenteil, mehr auf Draht denn je. Außerdem bin ich in Punkto Luftkampf wieder um Vieles schlauer geworden und habe allerhand dazugelernt . . ."

*

Das war auch bitter notwendig in diesem gnadenlosen Kampf, in dem das Unterliegen in der Regel sicheren Tod bedeutete. Aus dieser Zeit schildert Walter selbst seinen „schwersten Luftkampf":

„Zu viert brausten wir durch den hellen Märztag. Über uns der sehr klare Frühjahrshimmel, unter uns das Land, von dichten Wäldern durchzogen und noch in allen Bodenmulden von Schneesenken erfüllt.

Ein Blick nach rechts. Scharf zeichnet sich das dunkle Band des Flusses mit seinen Steilufern aus der Landschaft ab. Hinter mir fliegt Oberfeldwebel R., bereits zum Leutnant eingereicht. Er ist 31 Jahre alt, hat 70 Abschüsse. Oberfeldwebel E., ebenfalls zum Leutnant eingereicht, folgt. Er ist 34 Jahre alt und hat 93 Abschüsse. Am Schluß kurbelt ,Quax', 25 Jahre alt und 34 Abschüsse. Keiner dieser drei Musketiere, der sich nicht bis zum letzten Atemzug mit mir gegen jeden Gegner schlagen würde, ein sicheres und angenehmes Gefühl, mit solchen Männern zu fliegen . . .

Wir jagen den Fluß entlang, kurven, dröhnen wieder zurück. Bisher ist die Gegend, in der einige sowjetische Feldflugplätze liegen, immer ein gutes Jagdgebiet gewesen. Wir brauchen auch heute nicht lange zu warten. Aus dem leichten Dunst in der Ferne zeichnen sich links von uns einige Punkte ab, kommen näher, gewinnen an Größe und entpuppen sich als ein Pulk von 20 sowjetischen Schlachtfliegern. Wenige Augenblicke später entdecken wir noch 6 weitere Flugzeuge, amerikanische Jagdmaschinen, die den Begleitschutz fliegen.

Der Angriffsplan ist sofort fertig. Ich verständige meine Männer: ,Die Jäger übernehme ich. Alles andere zunächst auf die Schlächter. Rudi kommt dann zu mir.'

Wir fliegen etwa in tausend Meter Höhe, die Sowjets etwa zweihundert Meter unter uns. Ihr Jagdschutz in etwa 1200 Meter. Ich ziehe sofort hoch, um ihn zu überhöhen. Die Sonne steht im Südwesten. Die Amerikaner* unter mir haben noch nichts bemerkt, als ich von rechts hinten in sie hineinstoße. Ich habe eine Maschine im Visier, schieße... Der andere stürzt sofort brennend ab und schlägt mit großer Stichflamme auf.

Der Jagdverband wird unruhig. Alle Maschinen kurven sofort rechts ab. Mein Ziel ist erreicht. Die Jäger sind auf ungefähr 500 bis 600 m von den Schlachtfliegern abgezogen, meine Männer haben jetzt freie Bahn. Während ich einen zweiten angehe, versuchen die anderen verzweifelt, hinter mich zu kommen. Es entwickelt sich im Laufe des Luftkampfes ein Kreis, in den ich, eingeschoben und auf die Gelegenheit zum Schuß lauernd, hänge. Wir drücken uns im Verlaufe des Luftkampfes immer niedriger. Von meiner Seite fällt kaum ein Schuß, während hinter mir einige Gegner, viel zu weit und ungenau, auf mich feuern. In ungefähr 50 Meter über dem Boden habe ich den zweiten im Visier. Auch er geht sofort mit Aufschlagbrand zu Boden. Der Luftkampf hat bisher zehn Minuten gedauert!

Ich blicke kurz zurück. Der Kampf hat eine erregende Wendung genommen. Acht sowjetische Jäger sind herangekommen, greifen jetzt in das Geschehen ein. Die Attacke gegen mich wird mit erdrückender Übermacht geführt. Die geringe Höhe über dem Boden erlaubt keine große Kurbelei. Die Sowjets stürzen sich sofort auf mich. Einer von ihnen wird von Rudi, der inzwischen herangekommen ist, abgeschossen. Ich sitze einem Amerikaner* im Nacken. Hinter mir rückt einer der Sowjets heran, einige kurze Blicke überzeugen mich, daß er näher kommt. Rechts von mir treiben in der Tragfläche plötzlich Blasen hoch, es sind die sich unter den Geschossen des Gegners aufwölbenden

---

* Gemeint sind amerikanische Flugzeuge, die mit russischen Flugzeugführern bemannt waren. Amerikanische Piloten (Jagdflieger) waren an der Ostfront nicht eingesetzt.

Einschläge. Der andere schießt aus allen Knopflöchern, seine Bordwaffen setzen kaum aus. Ein Kanonenschlag fetzt in mein Leitwerk, reißt dort die Fläche auf.

Das ist der Kampf! Da liegt vor mir das Wild, das ich jage. Ich bin ruhig, unheimlich ruhig und dennoch ist dieser Augenblick des stärksten Einsatzes über sich selbst erhoben. Die Gefahr tritt zurück, alles ist lauerndes Bereitsein, Wachsein für jene winzige Änderung des Geschehens, die den Kampf entscheiden kann. Es werden in diesen Sekunden viele Dinge gewagt, aber sie werden aus jener überhöhten Anspannung getan, die den Blick noch schärfer, die Aufmerksamkeit noch wacher werden läßt.

Der Iwan rückt noch näher, fast auf Rammentfernung heran. Immer, wenn ich kurz zurückblicke, hängt über mir riesengroß der Sowjetstern. Auf der Fläche wandern die Treffer immer mehr nach oben, der Kabine zu. Der Moment der Entscheidung ist gekommen, jener Augenblick, wo es besser scheint, „stiften" zu gehen. Alle Chancen stehen gegen mich, jeder Bruchteil einer Sekunde kann jetzt der letzte dieses Lebens sein.

Da fährt in alle Überlegungen hinein siedendheiß die Wut in mir hoch. ‚Den Kerl mußt Du kriegen!' Ich wage jetzt alles, das Letzte. Ich nehme nochmals Fahrt heraus, auf eine für eine Jagdmaschine kaum glaubliche Geschwindigkeit, mit aller Geschicklichkeit und Erfahrung, die sich in vielen Luftkämpfen ergibt, halte ich das Flugzeug. 50 Meter vor mir liegt der Amerikaner, knappe 10 Meter hinter mir der Russe. Der Luftkampf zieht sich, da ich ständig vor den Schüssen des Verfolgers auszukurven versuche, in einer Rechtskurve hin.

Und diesmal ist der andere hinter mir nicht aufmerksam genug. Um eine Winzigkeit, den Bruchteil einer Sekunde gibt er nicht acht, als ich blitzschnell meinen letzten und endgültigen Entschluß durchführe, mit der geringen Fahrt nach rechts auskurve . . .

Ich habe die Bewegung noch nicht ausgeführt, als der Gegner mir noch zwei Kanonentreffer verpaßt. Aber dann jagt er auch bereits an mir vorbei, zieht unter meinem Leitwerk durch. Ich sehe ihn vor mir auftauchen, sehe den Mann in der Kabine, den Sowjetstern. Um einen Atemzug hat der andere seine Chance vertan. Ich schiebe den Gashebel ein, Vollgas! Hoffentlich macht die brave, schwer angeschlagene Focke-Wulf mit! Gleich darauf sitze ich dem vorbeigeschossenen Russen im Nacken. Er fällt beim ersten Feuerstoß.

Ich weiß, daß es so sein muß, ich habe zu lange auf diesen Augenblick warten müssen. Einer auflodernden Fackel gleich stürzt das sowjetische Flugzeug zu Boden und zerschellt. Das Duell ist entschieden. Der ganze Luftkampf hat genau 45 Minuten gedauert.

Nach geglückter Landung steige ich schweißtriefend aus der Maschine. Schweigend betrachte ich die Schäden. Es sieht wüst genug aus! Das Seitenruder fehlt halb, ein Querruder ist angeschossen. Der Reifen vom Fahrwerk ist zerschossen, ein Zylinder und ein Zylinderkopf ganz weggeschossen. Ein schwerer Motortreffer, die durchsiebten Flächen . . ."

*

Es sind die Tage, in denen die Schlacht um Charkow unten auf der Erde tobte. Noch einmal hatten die Deutschen im Osten das Gesetz des Handelns an sich gerissen. Unaufhaltsam drangen die Panzerverbände gegen die schwerumkämpfte Stadt vor und eroberten sie zum zweiten Mal.

Auch meines Bruders treuer „Quax" hat ein dramatisches Erlebnis aus jener entscheidungsreichen Zeit, in der fünf bis sechs Einsätze täglich keine Seltenheit waren, in einer lebhaften Schilderung festgehalten:

„Wir zogen unsere Flugzeuge in die Höhe, bald waren 4500 Meter erreicht. Klar lag der weite Himmel vor uns und im ganzen Rund waren nirgends russische Jäger zu sehen. In einer Höhe von ungefähr 5000 Metern hörte ich durch mein FT plötzlich Nowotnys Stimme, aber so leise und fern, als käme sie von einem anderen Stern: ‚Zum Teufel, Quax, was ist denn eigentlich los mit Dir? Flieg doch näher ran, wo willst du denn hin, du Blödel?' Mir war dies alles fast unbewußt und ich reagierte kaum auf diese Vorwürfe. Aber wie ein Donnerschlag weckte mich dann die Stimme von Toni, der ganz hysterisch schrie: ‚Der Quax stürzt ab!'

Aber gleich war ich wieder in einen leisen, mir selbst völlig unerklärlichen Dämmerschlaf verfallen. Ich kam erst wieder zu mir, als meine Maschine sich in einer Sturzgeschwindigkeit von 600 Stundenkilometern in ungefähr 800 Meter Höhe über einem großen Kornfeld abfing. Ich schaute nach links und rechts, denn ich wußte nicht mehr, wo ich war und was überhaupt los ist. Links von mir bemerkte ich Toni und rechts von mir Nowy. Der eine gab von links, der andere von rechts durchs Kabinenfenster heftige, aber unmißverständliche Zeichen. Da erst merkte ich, daß ich den Sprechkopf am Steuerknüppel fest umschlossen hielt und für mich deshalb auch kein Empfang durch das Funktelefon möglich war.

Aufgeregt mahnte mich nun Nowy: ‚Quax, komm, wir bringen dich nach Hause. Paß aber bei der Landung auf, daß Dir nichts passiert. Wenn ich mein Fahrwerk ausfahre, fährst auch Du dein Fahrwerk aus, wenn ich die Landeklappen aufmache, mußt auch Du sie herausziehen. Und sobald ich rufe ‚durchziehen', dann ziehst du ruhig und langsam den Steuerknüppel durch. Reiß dich zusammen, Quax, daß dir bloß nichts passiert.'

Seine Stimme kam an mich heran wie die eines Hypnotiseurs. Sie beruhigte mich und gab mir wieder ein angenehmes Gefühl der Sicherheit. Im Unterbewußtsein führte ich die Befehle, einen nach dem anderen, durch. Alles geschah im Halbschlaf. Sobald meine Maschine ausgerollt war, rannten die Techniker auf mich zu, öffneten das Kabinendach und zerrten mich aus dem Flugzeug heraus.

Neben der Maschine stand bereits Nowy. Erschöpft sank ich vor ihm zu Boden. Eine halbe Stunde später lag ich totenbleich in einem Liegestuhl. Man hatte starken Kaffee gebracht, um meine Lebensgeister wieder zurückzurufen. Fast alle meine Kameraden hatten sich um mich versammelt. Als Nowy sah, daß ich langsam wieder zu mir kam, schüttelte er mir tiefbewegt die Hand. Ein eigenartiges Zucken war in seinem Gesicht zu sehen. Ich wußte, daß es die Freude war über den glücklichen Ausgang dieser dummen Geschichte. Aus lauter Übermut haute er mir links und rechts eine auf die Backe und sagte: ‚Wir können nur unserem Herrgott danken, daß du noch am Leben bist.‘

Was war geschehen? In der Eile infolge der schnellen Aufeinanderfolge unserer Einsätze, war von den Technikern vergessen worden, in meinem Flugzeug Sauerstoff nachzufüllen. Kein Wunder, daß ich höhenkrank geworden bin!“

Tief unten, auf der schweren, trächtigen ukrainischen Erde, tobte ein Kampf sondergleichen. Städte wechselten drei- und viermal die Besitzer und was übrigblieb, sind allein traurig gegen den Himmel ragende Schornsteine. Die Rote Armee wollte mit aller Gewalt das Tor der Ukraine aufbrechen. Die Räume von Brjansk, Charkow, standen im Brennpunkt ihrer Operationen. Von Sibirien und der Mongolei herangebrachte Regimenter und Divisionen schmolzen wie Schnee in der heißen Steppensonne in den männermordenden Materialschlachten. Aber es war, als würden für jeden Toten zehn neue aufstehen. Mit Grauen erkannten die deutschen Soldaten, daß die Menschenwoge, die auf sie zubrauste, mit jeder der aufreibenden Schlachten größer und drohender wurde. Trotzdem taten sie zäh ihre Pflicht. Noch ahnten sie nicht, daß all das, was sie an Opferbereitschaft, Ausdauer und Mut aufbrachten, und mit tapferem Herzen bezwangen, ihnen einmal im eigenen Vaterland als „Verbrechen" — zumindest aber als „Dummheit" angelastet werden sollte.

Bjelgorod und Orel gingen verloren. In Afrika war Rommels stolzer Traum längst ausgeträumt. Im Mai war der Kampf in der nordafrikanischen Wüste erloschen. Die Alliierten waren bereits auf Sizilien abgesprungen.

Und in Deutschland selbst brannten die Städte.

Das Herz manches tapferen Soldaten wurde schwer. Walter flog und flog. Er schoß und schoß, und die Kette seiner Erfolge brach nicht mehr ab.

Am 20. Mai der 82. Abschuß.

Am 6. Juni der 88.

Am 21. Juni der 114.

Am 24. Juni schoß Walter zehn Gegner an einem Tag ab und erreichte damit den 124. Abschuß.

Am 27. Juni 1943 schrieb Walter an die Eltern:

„Nun habe ich Zeit zu schreiben. Eigentlich wollte ich Euch ja überraschen und plötzlich in ganzer Pracht vor Euch stehen, aber Ihr seid ja so ungeduldig und außerdem ist es bei den blödsinnigen Erfindungen wie Radio und Zeitungen nicht recht möglich. Am 24. Juni habe ich zehn Russen abgeschossen. 124 — und damit ist das Eichenlaub geschafft. Ich darf nicht mehr fliegen, bis ich zum Führer befohlen werde, das Ding abzuholen. Dann eile ich in Eure Arme ..."

Damit freilich wurde es noch einige Zeit nichts.

Am 12. August der 128. Abschuß.

Am 13. August mußten 9 Gegner daran glauben. Walter stand bei 137 Abschüssen.

Am 14. August erreichte er den 140. Abschuß.

Am 18. August den 151.

Am 21. August den 161.

Aus dieser Zeit ein Brief:

„Kurzer Wehrmachtsbericht: habe gestern meinen 161. Abschuß erzielt, das heißt also in zehn Tagen 37 Abschüsse. Max Stotz hat seinen 186., ich rücke ihm also verdammt näher. Gestern, 7 Abschüsse, wurde ich zum Kommandeur ernannt. Zwei freudige Anlässe, die wir mächtig begossen haben. Ein 22½ Jahre alter Oberleutnant Kommandeur, eine nicht alltägliche Erscheinung, aber wir werden das Kind schon schaukeln. Kommandeur ist eine Majors-Dienststellung, das heißt, daß ich über kurz oder lang Hauptmann und dann sogar noch einmal Major werden kann. Das habe ich mir auch nicht träumen lassen. Eichenlaub immer noch nicht da. Sonst gehts mir gut ...“

Am 1. September siegte er wieder zehnmal in Luftkämpfen. Er steigerte seine Abschußquote von 174 auf 183. Immer öfter wird sein Name im Wehrmachtsbericht genannt. Über diesen Siegestag, den 1. September, erzählte er später:

„Als ich um 6 Uhr früh als Begleitschutz mit den Kampffliegern in großer Höhe in den Himmel ziehe, kommen uns sechs Sowjets, die unsere Kampfflugzeuge angehen wollen, entgegen. Nun, da habe ich vier ‚belehrt‘ und runtergeholt.

Dann sah ich unten noch weitere fünf herumkrebsen. Von denen holte ich mir erst zwei — natürlich immer wütend von den anderen beschossen. Als ich den siebenten herunterholen wollte, bekam ich Ladehemmung an meinen Kanonen. Teufel, dachte ich, das muß nun ausgerechnet 180 Kilometer hinter der Front passieren. Aber ich wollte den siebenten eben haben und so setzte ich hinter ihm her, um ihm aus nächster Entfernung mit meinen MGs den Fangschuß zu geben. Ja, und wie das so ist, als er endlich vor meinen MGs zerplatzte, bin ich auch schon im Weichbild von W. — mitten drin in der besten 2 cm-Flak. Da bin ich eben in die Straßen der Stadt hinunter, in fünf Meter

Höhe über die Menschen in den Straßen, über Flakstellungen und Häuser gesprungen und schließlich hinaus auf einen Sumpf geflogen, bis ich wieder auf Höhe gehen konnte. Und dann, beim zweiten Einsatz dieses Tages, sah ich nur fünf Sowjetjäger am Himmel. Als sie merkten, daß es gefährlich wurde, spielten sie Versteck in den Kumuluswolken. Aber ich wartete immer, bis einer aus einer Wolke herauskam. Das passierte dreimal, und so machte ich meine ‚Zehn' an diesem Tage voll."

Begleitschutzeinsätze waren bei Jägern nicht sonderlich beliebt, weil es dabei selten zu Abschüssen kam. Es ist bezeichnend, daß Walter gerade bei Begleitschutz solche Erfolge erzielen konnte.

„Es war vor ein paar Tagen, wir hatten He 111-Kampfmaschinen an das Ziel gebracht. Sie hatten bestens geworfen. Und wir waren schon wieder auf dem Rückflug, als eine He 111 neben mir, von Flak beschossen, plötzlich am rechten Motor brannte. Noch 80 Kilometer zur deutschen Front! Und die Maschine ging immer tiefer. Mein Gott, wenn bloß nicht der ganze Rumpf zu brennen anfängt! Ich flog ganz dicht an die Maschine heran und sah die Männer der Besatzung unbeweglich in der Kabine sitzen. Und plötzlich fiel der rechte Motor wie eine Fackel nach unten. Die He 111 kippt nach links über, fängt sich wieder und schiebt sich dann schief weiter nach vorn, kommt knapp über die sowjetischen Gräben, fällt, und fällt zwischen die Linien ins Niemandsland. Schon springen die Bolschewiken aus ihren Gräben. Da fahre ich aber hinter der notgelandeten Maschine hin und her wie ein Irrer und halte mit meinen Bordwaffen die Sowjets nieder, so daß sie nicht an die Maschine herankönnen. Selten war ich so erleichtert und selten habe ich mich so gefreut, wie in dem Augenblick, als alle fünf Mann in den deutschen Gräben verschwunden waren."

So hat es Walter erlebt. Das dramatische Geschehen in Kanzel und Rumpf dieser He 111 aber findet seinen Niederschlag in einem von dieser Besatzung geschriebenen Erlebnisbericht, der sich in meinem Besitz befindet. Im Reigen der zahlreichen Jagdfliegereinsätze sei auch einmal der tapferen Besatzung eines Kampfflugzeuges gedacht. Der Bericht nennt sich „Erlebnisbericht über den Einsatz der Besatzung AlFa gegen die Wolchowbrücken mit anschließender Notlandung vor der HKL" und sei auszugsweise wiedergegeben.

„Der Einsatzbefehl lautet: Die AlFa fliegt im Verband der III/53 und greift die Brücke 41325 A an. Schwerpunkt ist der mittlere Träger des noch stehenden alten Teiles der Brücke. Abholung des Jagdschutzes in 6700 m Höhe über Sieverskaja, Abholzeit und Abflug Sieverskaja um 19 Uhr 33.

Angriffszeit 20 Uhr, 1 Minute nach Angriff der I/53 auf die schweren Flakstellungen.

Anflug: Sieverskaja/Tossno-See im QU. 1042/-Pupyschewo-Ziel.

Angriffshöhe: 6700—7000 m.

Der Start erfolgte in Korowje Selo um 18.10. Sieverskaja wurde in 6500 m um 19 Uhr 40 unter weiterem Steigen mit Jagdschutz auf Anflugkurs verlassen. Bei Abflug zählte der Verband 12 He 111. Das Flugzeug erreicht gegen 20.15 den äußeren Flakgürtel von Wolchow. Das Ziel selbst war bereits vor unserem Frontüberflug vernebelt worden. Pünktlich um 20 Uhr griff die I/53 die Flakstellung an. Vor Erreichen des Flakgürtels befahl der Verbandsführer durch BzB Angriff auf Hauptziel.

Nachdem die Flak sich bereits in Höhe und Richtung nach den ersten Flugzeugen eingeschossen hatte, wurde die AlFa jetzt mit einigen sich stets dem Flugzeug mehr nähernden Lagen eingedeckt.

Etwa 20.17 Uhr erhielt das Flugzeug drei Volltreffer, einen in die Kanzel durch das Lotfe und je einen in die

Nähe der Motoren. Durch den Treffer im Lotfe wurde dem Beobachter der rechte Unterarm zertrümmert. Beim linken Motor wurde wahrscheinlich das Gasgestänge oder die Benzinleitung zerschossen. Der Motor fiel nach anfänglichem Brennen sofort aus. Beim rechten Motor wurde der Ölbehälter zerschossen und fiel nach 3 bis 4 Minuten ebenfalls aus. Sofort nach dem Treffer warf der Beobachter die Bomben im Notzug und der Flugzeugführer versuchte, eine Rechtskurve einzuleiten. Durch den Flaktreffer war jedoch das Leitwerk erheblich angeschlagen, sowie die Flächen in großem Maße zerfetzt. Das Flugzeug konnte nur unter starkem Andrücken und Schräglage über den stehenden Motor in die Linkskurve gezwungen werden. Hiebei verlor das Flugzeug 1000 m Höhe. Flaksplitter zerschlugen gleichzeitig das MG in der Vorderwanne und verletzten den Heckschützen leicht. Der Bordmechaniker begab sich nach dem Volltreffer auf Befehl aus der Kanzel sofort nach vorn, um dem Beobachter erste Hilfe zu geben. Er führte dies ohne Sauerstoffmaske durch. Der Bordfunker übernahm für den Verlauf des weiteren Fluges die Jagdabwehr. Er vernichtete durch Zerreißen in kleinste Teile Funkbefehl und Geheimsachen und warf sie allmählich über Bord. Der Flugzeugführer versuchte auf dem kürzesten Weg so nahe als möglich an die eigenen Linien zu kommen. Der rechte Motor begann heftiger zu brennen. Das Flugzeug fiel mit etwa 10 m/Sekunde. Besonders erschwert wurde der Rückflug durch ein stetes Abdrängen des Flugzeuges nach rechts zum Ladogasee hin. Die Ursache lag nach Ausfall des rechten Motors, der jedoch brennend auf Leerlauf weiterlief, in der großen Bremswirkung dieses Motors. Es gehörten alle körperlichen Kräfte dazu und zum Teil die Hilfe der anderen Besatzungsmitglieder, um das Flugzeug auf Kurs zu zwingen. Während des Rückfluges unterstützte der schwer verwundete Beobachter den Flugzeugführer und in einem Falle in der Bedienung der Trimmung und gab neben den Leistungen der Besatzung, besonders des unerhört schwer und zielbewußt arbeitenden Flugzeugführers, das Beispiel eines Mannes, der nicht klein zu kriegen ist.

In etwa 700 m Höhe löste sich der brennende Motor in seine Bestandteile auf. Nur die Kurbelwelle war übriggeblieben. Das Abfallen des Motors gab dem Flugzeug einen günstigen Gleitwinkel (7 m/Sek.), der es dem Flugzeugführer ermöglichte, die, wie sich später herausstellte, entscheidenden 2,2 km noch zu bezwingen. Der Flugzeugführer entschloß sich, die Notlandung in einem halblinks vorne liegenden ausgedehnten Sumpfgebiet vorzunehmen. Beim Überfliegen des im Nordosten säumenden Hochwaldes bekam das Flugzeug sehr heftigen Beschuß durch feindliche Infanterie. Das Flugzeug erhielt viele Treffer. Während dieses Beschusses setzte der Flugzeugführer das Flugzeug in einer glatt und sanft verlaufenden Notlandung auf.

Da das Flugzeug unter Beschuß lag und die Gefahr des Detonierens nach wie vor bestand, verließ die Besatzung unter Stützung des Verwundeten so rasch wie möglich das Flugzeug.

Während des ganzen Rückfluges hat uns das Jagdgeschwader Trautloft in vorbildlicher Kameradschaft durch alle Flak begleitet und feindliche Jagdangriffe unmöglich gemacht. Nach der Notlandung sammelten sich 6 Jäger über dem Platz und hielten mit ihren Bordwaffen die feindliche Infanterie nieder, solange, bis es klar von oben zu erkennen war, daß die Besatzung geborgen wurde. Hiermit trugen sie entscheidend zur Rettung der Besatzung bei. Nach Weiß-Schießen der eigenen Truppen flogen sie dann ab.

Die Besatzung beschloß, den Wald am Westrand des Sumpfes zu erreichen. Sie wurde aber etwa nach 100 m durch Schreien aufgehalten. Nach einigem Zweifel konnte dann festgestellt werden, nachdem auch weiß geschossen wurde, daß eigene Truppen vor uns lagen. Da die Besatzung bereits in ein Minenfeld geraten war, kam ein Stoßtrupp und führte die Besatzung sicher in die HKL. Hier wurde der schwerverwundete Beobachter sofort in ärztliche Behandlung gegeben. In der Nacht wurde dann der halbe rechte Arm amputiert.

Gegen 22 Uhr war ein eigener Spähtrupp ausgeschickt, um das Flugzeug auszubauen. Der Russe war jedoch bereits am Flugzeug. Hierauf wurde unverzüg-

lich das Flugzeug durch Granatwerfer in Brand geschossen. Die AlFa detonierte und wurde in kleinste
Teile zerlegt."

Diese nüchterne Sprache schildert eindringlicher, als ein
dramatischer Bericht es könnte, die große Schlacht von
damals und den Geist, in dem sie bestanden wurde.

Zwei Briefe

Über all dem, was in diesem harten Jahr 1943 von Walter gefordert wurde und was er leistete, vergaß er doch seine alten sorgenden Eltern nicht. Er hat ihnen immer berichtet; aber zwei Briefe, mitten in den härtesten Einsatzwochen geschrieben, haben — so finde ich — einen besonderen Stil; bei aller scheinbar heiteren Zuversicht sind sie doch irgendwie vom Gedanken an ein Ende gezeichnet; als wollte er etwas sagen, was sonst nie wieder ausgesprochen werden könnte, schrieb er im März 1943 zu unseres Vaters vierundsechzigstem Geburtstag:

„Bester aller alten Herren!

Wenn Du auch hart und streng mit uns warst, wenn wir auch manchmal nicht verstanden haben, was Du mit uns Buben vorhast, heute wissen wir und sind stolz darauf, daß Du als unser Vater gar nicht anders sein durftest. Und heute stehen Deine Söhne als gerade aufrechte Deutsche, zu denen Du sie erzogen hast, draußen im Schicksalskampf um Deutschlands Zukunft. Und dafür danken wir Dir heute, an Deinem Ehrentag! Wir sind stolz auf unseren strammen Vater und wollen immer bestrebt sein, daß Du ebenso stolz auf Deine Söhne sein kannst. Unsere gute Mutter wird mit Dir diesen Tag festlich begehen und wir sind im Geiste bei Euch und bringen unsere Wünsche vor: Viel Glück, Gesundheit und Freude für Deine nächsten Jahrzehnte, die Du noch in alter Frische unter uns verbringen mögest und eine glückliche Heimkehr Deiner Söhne nach siegreichem Ende dieses Krieges!"

*

Und wenige Wochen später schrieb Walter nach dem Muttertag 1943:

„Nun habe ich wohl lange nichts mehr von mir hören lassen. Ich hoffe nur, daß Brief und Bild zum Muttertag rechtzeitig angekommen sind. Wir haben hier draußen alle einen Feiertag verspürt. Jeder kam mit einer unbewußt feierlichen Stimmung daher und in den Tagen um den 16. Mai fiel häufiger als sonst das Wort Mutter. Wir dachten alle an unsere Mütter und dankten ihnen im Stillen für alles Gute und Schöne . . . ."

Es sind das nur wenige Sätze — aber ich glaube doch, daß sie in dieses Buch gehören, und daß sie ein Kapitel für sich bedeuten . . .

Das Eichenlaub

Das Jagdfliegerglück hatte sich diesem noch so jungen, zweiundzwanzigjährigen Fliegeroffizier verschrieben. Es hatte sich seinem Glückswappen verhaftet, der schwarzen 13 im grünen Herz der Trautloft'schen Jäger.

Später schrieb ein Kamerad über dieses Mysterium des unglaublichen Erfolges:

„Drängte es uns nicht alle dazu, nach einer Erklärung zu suchen, die Ursache zu entdecken, die das Geheimnis seiner nicht abreißenden Abschußerfolge erklärte? ‚Aufpassen‘, flatterte es beinahe täglich aus dem Lautsprecherkasten auf dem Gefechtsstand, der die Stimme irgendwoher aus dem Äther zu uns herunterzog. ‚Aufpassen‘. Einmal, zwei-, drei-, viermal, ja noch mehr, sechs-, siebenmal während eines Feindfluges. Er sprach kaum sonst noch Worte über das Kehlkopfmikrofon, als dieses eine, uns erregende Wort: ‚Aufpassen‘. Das galt seinem Rottenflieger, dem Toni, oder dem Quax, oder dem Richter, dem, der gerade mit ihm flog und es bedeutete, ‚Paß auf, ich habe einen belehrt‘ — er sagte ‚belehren‘, wenn er vom Abschießen sprach — ‚paß auf und merke Dir die Abschußstelle.

Hatte der ‚Nowy‘, wie er von seinen Männern genannt wurde, den Teufel im Leib? Hatte das Jägerglück einen Narren an ihm gefressen?"

Hunderte, ja tausende Augenpaare hingen wie fasziniert an den Schleifen und Kurven droben in den — für sie — schwindelnden Lüften. Alle Müdigkeit und Verbitterung waren wie weggewischt, wenn wieder einer der Quälgeister mit dem roten Sowjetstern brennend in die Tiefe tru-

delte. Lachend und aufgeregt zeigten sie auf die Grünherzjäger, die droben, hoch über den Gräben, Deckungslöchern
und Rollbahnen dahinrasten. Jeder neue Sieg wurde ju-
belnd und schreiend begrüßt. Jeder Verlust mit atem-
beraubender Spannung miterlebt.

Sie, die Infanteristen, die Panzermänner, die Pioniere
und Artilleristen, die hunderte und tausende Kilometer vor
und zurück blutig und in erschöpfenden, aufreibenden
Gefechten, Scharmützeln und Schlachten erkämpfen mußten, bewunderten und beneideten die Soldaten der Lüfte.
Irgendwo, weit hinten, lagen ihre Flugplätze, warteten der
Sekt, und, wie man sich flüsternd erzählte, schöne Frauen
auf die letzten Ritter, die einsam und auf sich gestellt, höchstens von dem getreuen Kaczmarek begleitet, ihre aufregenden Schlachten austrugen. Das war etwas anderes, als
die Massenschlachten, in die man hineinging, ohne in der
Regel die höheren Angriffsziele und den höheren Plan zu
erkennen. Hier war man nur ein kleines Rädchen im
großen Rahmen, den die Generalstäbler in den Korps und
Armeen spannten und nur, wenn man das Weiß im Auge
des Feindes sah, trat die letzte Entscheidung an jeden
heran.

Wie anders war der Krieg der Jäger! Sie standen unentwegt vor der Entscheidung! Sie führten den Kampf, wie
sie es für richtig empfanden, sie stießen vor oder glitten
zurück, ohne daß ein Ia- oder ein Ic-Generalstabsoffizier
etwas auszusetzen hatte. Ihre Tapferkeit belegte sich selbst,
oder wenn man es so sagen wollte, ihr Kriegsglück. Die
brennenden Flugzeuge der gefallenen Gegner beleuchteten
ihren Weg zu Ruhm und Ehre. Die Infanteristen konnten
ihre gefällten Feinde nicht angeben. Sie konnten keine Zeugen benennen. Nur selten gelang es einem, aus der Masse
herauszuragen und eine Tat zu vollbringen, die entscheidend für die Division war.

68

Tage- und wochenlang lagen sie im Hagel feindlicher Flieger, die sich im gleichen Tempo vermehrten, wie die eigenen weniger zu werden schienen. Wenn aber dann endlich eine Gruppe oder eine Staffel, oder gar ein Geschwader deutscher Flieger kam, dann war alle Bitterkeit schnell vergessen und die Augen der Landser leuchteten. „Das sind Kerle!" riefen sie sich zu. Und jeder erlebte, wie in einer großen Arena, den einzigartigen Kampf da oben mit. Eine heiße Welle von Sympathie und kameradschaftlicher Anteilnahme, stieg von der Erde hinauf in die Luft.

„Paß auf!" schrie ein junger Rekrut, der im harten Ostfrontalltag schnell zum Mann geworden war, „der dort wird's ihnen zeigen!"

Die anderen lachten. Als ob die da droben das hören könnten! Gekränkt schwieg der Junge, ohne zu wissen, daß da oben einer flog, genau so jung wie er selber, der sich gefreut hätte, wenn diese Stimme zu ihm gedrungen wäre: Walter Nowotny.

Viele tausend Augen und Wünsche begleiteten die wenigen deutschen Maschinen. Sie begleiteten sie im Kampf und im Sieg, und waren mit ihnen, wenn es zum bitteren Fliegerende in die Tiefe ging.

Sie ahnten nur dumpf, daß dies der Kampf der Flieger war: der Kampf allein. Allein auf sich gestellt, keinen Kameraden zur Seite, allein. Mutterseelenallein . . .

Keine Hand kann nach dem Nebenmann tasten und das Spüren, das so oft dem Soldaten letzte und größte Beruhigung ist und bleiben wird: den guten Kameraden! Der Flieger kann nicht nach dem getreuen Sanitäter rufen, wenn ihn die feindliche Kugel trifft, nicht nach dem Hauptverbandsplatz gebracht werden.

Er ist herausgehoben aus Zeit und Ewigkeit, dem Schicksal gegenübergestellt, das allein über Sieg und Tod entscheidet. Nur selten gibt es eine andere Möglichkeit.

Die Gefahr des tödlichen Kampfes drängt sich auf engsten Raum und in kürzeste Zeit zusammen und läßt das Geschehen mit einer Intensität erleben, die bedrückend ist. Hier kann nur der Härteste und der Gewandteste, der Schnellste und der Entschlossenste bestehen.

Während die unten, tief in die mütterliche, alleinverläßliche Erde gepreßt, mit klopfenden Herzen und brennenden Augen, den Luftkampf verfolgten und sagten: „Die tapferen Kerle dort oben, sie tragen jetzt die ganze Last des Kampfes!" sandten die droben, in himmelstürmenden Kurven, bald wieder erdnahheranbrausend, einen flüchtigen Blick zu den deutschen Stellungen und dachten: „Die armen Schweine da unten, was die durchhalten müssen. Wenn wir ihnen nur helfen können! Wenn wir sie nur entlasten können!" Und wenn sie Glück hatten, schickten sie wieder einen der fanatischen Gegner in die Tiefe.

Beide, die droben in der Luft und die drunten auf der Erde, wußten noch nicht, daß all ihre Tapferkeit, ihre Opferbereitschaft vergebens war. Die ehernen Würfel waren bereits gefallen: sie hatten gegen Deutschland entschieden . . .

*

Walter flog, und erkämpfte sich einen Sieg nach dem anderen. Freund und Feind verfolgten staunend, fast jeden Tag aufs neue, die Erfolge dieses „fliegerischen Wunders aus Österreich".

Bisher war jedem Jagdflieger, der 150 bestätigte Abschüsse feindlicher Maschinen erzielt hatte, das Eichenlaub zum Ritterkreuz des Eisernen Kreuzes verliehen worden. Walter hatte — das zeigte sein damaliger Brief an die Eltern — auch damit gerechnet, nun zu Hitler befohlen zu werden, der diese Auszeichnung stets persönlich verlieh. Seine Vorgesetzten hatten ihm sogar zunächst Startverbot erteilt. Aber keine Nachricht kam aus dem Hauptquartier. Das Startverbot wurde wieder aufgehoben, und Walter holte erneut Gegner nach Gegner aus den Lüften.

Ich war Offizier, und außerdem kannte ich meinen Bruder Walter. Als ich fast täglich seinen Namen im Wehrmachtbericht hörte und die steigenden Abschußziffern verfolgte — Ziffern, bei denen andere längst das Eichenlaub erhalten hatten — war es für mich ganz klar: Der Junge hatte irgend etwas angestellt und war in „Ungnade" gefallen. Wenn er es auch nicht aussprach, so war doch auch unser Vater beunruhigt. Frühzeitig war er einst politischer Anhänger Hitlers gewesen, hatte diesen in den 20er Jahren auch einmal als Übernachtungsgast in unserer kleinen Wohnung beherbergt. Er erwartete natürlich nicht, daß Hitler sich an eine solche Kleinigkeit erinnerte und sie mit dem Flieger Nowotny in Zusammenhang brachte, aber irgendeinen Stachel fühlte er doch, daß ausgerechnet seinem Sohn die von Hitler selbst verliehene Auszeichnung gewissermaßen vorenthalten wurde.

Etwas später wurde mir klar, daß mit der längeren Kriegsdauer von der oberen Führung unvermeidlich der „Preis" hoher Auszeichnungen gelegentlich hinaufgesetzt werden mußte, und daß es einfach Pech, aber kein persönlicher Grund Anlaß war, als Walter der erste wurde, der mehr als bisher leisten mußte, bevor er das Eichenlaub zum Ritterkreuz verliehen erhielt.

Damals aber kam ich nicht auf diese naheliegende Erklärung.

Eines Tages, es war nach dem gemeldeten 189. Luftsieg, schrieb ich Walter einen Brief, in dem ich fragte, ob er denn was ausgefressen hätte. Anders könnte ich mir nicht erklären, daß man höheren Orts ihm nicht schon längst das

Eichenlaub verliehen hätte. Seit der Verleihung des Ritterkreuzes für 56 Luftsiege hatte Walter weitere 133 Abschüsse erzielt. Ein Mölders, Galland, Marseille hatten solche Abschußziffern nie erreicht und trugen trotzdem längst die Brillanten. Irgend etwas mußte da „faul sein im Staate Dänemark"!

Walters Antwort war von lakonischer Kürze. Die Feldpostkarte hatte folgenden Inhalt:

„Auf Deine Frage vom letzten Brief:
1. Geht's Dich nichts an.
2. Was zerbrichst Du Dir Deinen Kopf über meine Sorgen?
3. Wenn man mir das Eichenlaub nicht geben will, werde ich mir die Brillanten holen.

Dein getreuer Walter"

Und dann hielt er sich an Punkt 3 dieser Feldpostkarte mit einer Hartnäckigkeit sondergleichen, wie die nachfolgenden OKW-Berichte bewiesen und schoß ab, was sich am Himmel zeigte.

*

Am 5. September 1943 war der Bann dann endlich gebrochen: Walter erhielt als 293. Soldat der Wehrmacht das Eichenlaub zum Ritterkreuz des Eisernen Kreuzes verliehen.

Darüber berichtete er uns auf seine Art:

„Gestern bekam ich vom Führer ein Fernschreiben, worin er mir das Eichenlaub verliehen hat. Eigentlich ist es ja ein bißchen zu früh gekommen. Ich wollte mich erst an die Spitze aller Jagdflieger setzen, damit es dann in der Zeitung geheißen hätte: Der Ritterkreuzträger Oberleutnant Walter Nowotny setzte sich mit 210 Luftsiegen an die Spitze der erfolgreichsten Jagdflieger. Dann hätte man nämlich auch oben gemerkt, daß man mir gegenüber ein wenig im Rückstand ist. Ihr werdet es ja wieder mal nicht glauben, aber ich habe vor einer Stunde meinen 191. Abschuß erzielt . . ."

Der draufgängerische Walter hatte irgendwie auch Hitler überrundet: Man sah im Hauptquartier nun offenbar ein, daß es ein Fehler gewesen war, ausgerechnet den jungen Nowotny so lange auf das Eichenlaub warten zu lassen; jedenfalls dauerte es nun nur 17 Tage bis Walter am 22. September 1943 als 37. Soldat der Wehrmacht die nächsthöhere Auszeichnung, die Schwerter zum Eichenlaub verliehen erhielt.

Der 250. Abschuß —
Ria-Bar und Hauptquartier

Walters Siegeskurve stieg immer steiler an — es war für uns alle beinahe unheimlich. Bereits vier Tage nach der Verleihung des Eichenlaubes, am 9. September 1943 erreichte er den zweihundertsten Abschuß!

Am 15. September, nach 12 Abschüssen in zwei Tagen, den 215.

Am 20. September den 218.

Schon seit Mitte September hatte er alle seine „Konkurrenten" im Luftkampf überrundet. Der Oberleutnant Walter Nowotny war der erfolgreichste deutsche Jagdflieger geworden!

Die bisherigen großen „Asse" folgten unmittelbar: Major Philipp mit 203, Major Graf mit 202 und Hauptmann Rall mit 200 Abschüssen . . .

*

Aus diesen aufregenden Tagen gibt es einen Bericht des Kriegsberichters Oberleutnant Kurt Hübner: „Vom 203. bis 215. Luftsieg."

„Zwei Tage lang hatte sich nichts mehr ereignet. Der Kommandeur stand mit seinen 203 Feindabschüssen wohl in der Reihe unserer erfolgreichsten Jagdflieger, jedoch bei allem Stolz auf ihren so großartig erfolgreichen Kommandeur konnte nun niemand mehr in Geduld bleiben über die brennende Frage: würde Oberleutnant Nowotny die höchste bisher von unseren küh-

nen Jägern erzielte Abschußzahl erreichen? Aber kein
Bolschewist ließ sich sehen. Klares, kühles Herbstwetter, mit weiter ungehinderter Sicht, gab den Blick über
die gleichmütige eintönige Weite des flachen Landes
frei. Der Kommandeur flog, kam zurück, ebenso die
anderen. Kein Bolschewist hatte ihren Weg zwischen
den weißen Wolkentürmen hoch über der stoppelfeld-
gelben Gleichmut des Landes gekreuzt. So blieb es zwei
Tage hindurch.

Gegen Mittag des 14. September hörte man Flak-
feuer. Ein starker Bomberverband mit zahlenmäßig
gleichstarkem Jagdschutz flog unseren Platz an. Unsere
Jäger starteten, aber allein — ohne ihren Kommandeur,
der noch Begleitschutz für unsere Sturzkampfflugzeuge
flog. Aber die Zeit für Oberleutnant Nowotny kam
noch. Es war mittags, als er mit seinem Schwarm zu
freier Jagd startete. Ungetrübt leuchtete die ‚blaue Wiese‘
der Flieger (dieses Wort des großen Jagdfliegers Marseille, mit dem er Wolken und Himmel taufte, ist un-
vergessen). ‚Aufpassen‘, hörte man die helle Stimme des
Kommandeurs. Die aus der Jagdmaschine gesprochenen
Worte klingen auf dem Gefechtsstand wie von Brandungswellen herangeschlagen.

‚Jetzt haut's gleich einen Bolschewisten zusammen!‘
sagte der Funker und saß dann starr vor Spannung. Niemand empfindet Furcht für den Kommandeur, seltsamerweise eigentlich, denn zahlenmäßig sind die unseren selten überlegen. Aber die Zahl ist kein Maßstab
für die Überlegenheit, und so kommt zum zweiten Male
‚Aufpassen!‘ Das Wort, das der Kommandeur seinem
Kaczmarek zuruft, damit er den abgeschossenen Bolschewiken bis zum Aufschlag verfolgt.

Oberleutnant Nowotny hat seinen 204. Gegner heruntergeholt, kurz danach folgt der 205., der 206., der
207. . . . .

Oberleutnant Nowotny setzt sich an die Spitze aller
Jagdflieger. Als er landet, ist keine Zeit zum Beglück-
wünschen. Die Bolschewisten scheinen einen neuen
Durchbruchsversuch durch starke Luftangriffe vorbe-
reiten zu wollen. Die Maschine wird gewechselt. Der
Kommandeur startet aufs Neue.

32 bolschewistische Bomber jagen auf den Platz zu. Ihre Begleitjäger wimmeln sichernd und aufgeregt in ihrer Nähe. Wer nicht fliegt, erlebt die schlagartig entbrennenden Luftkämpfe vom Flugplatz aus der Dekkung der Splittergräben. Aufgeregte Blicke wechseln hinüber zu dem deutlichen Fall der hastig geworfenen Bomben. Die Köpfe ducken sich in den Gräben, tauchen wieder auf, als der Segen wirkungslos geborsten ist und sich die Jagd durcheinander dort oben zur Front hinüberzieht. Punkte lösen sich aus brennenden Flugzeugen, baumeln in weißen Fallschirmen herunter. Beinahe lautlos in dem Motorengedröhn hacken die Bordwaffen ihre Geschosse in die flüchtenden Flugzeuge. Die Sonne verblaßt hinter dem Abendgewölk, als die siegreich wackelnden Jäger zurückkehren.

Der Kommandeur hat den 208. und 209. Abschuß erreicht, seine Gruppe als Gesamtabschußzahl des Tages 26 Abschüsse. Die anderen Jagdgruppen haben ähnliche Erfolge. Die Verluste der Bolschewisten sind groß.

Die nun folgende Nacht ist unruhig. Die Bolschewisten setzen ihre Luftangriffe fort. Oberleutnant Nowotny ist bei seinen Männern, hilft ein brennendes Flugzeug löschen, die einzige Erfolgstrophäe der Sowjets.

In den Vormittagsstunden des heutigen Tages versuchten die Bolschewisten aufs neue, an unseren Flugplatz heranzukommen. Sie kommen aber überhaupt nicht mehr in Platznähe. Unseren Jägern gelingt es, sie zurückzuschlagen. Oberleutnant Nowotny kommt mit neuen Feindabschüssen zurück. Er hätte nach seinem 215. Abschuß beinahe noch Pech gehabt. Sein Motor bockte. Er landete mit stehender Latte als der erfolgreichste deutsche Jagdflieger."

Nach Rückkehr aus dem Führerhauptquartier, wohin er zur Entgegennahme sowohl des Eichenlaubes wie der Schwerter befohlen wurde, schoß Walter — inzwischen auch zum Hauptmann befördert — in wenigen Tagen seinen 220. bis 235. Gegner ab.

Oberleutnant Kurt Hübner berichtet auch darüber:

„Gestern Abend war der Kommandeur plötzlich wieder bei uns. So früh hatte ihn niemand erwartet. Es war eigentlich so vorgesehen, daß Hauptmann Nowotny nach dem Empfang der Schwerter zum Eichenlaub noch einen ausgiebigen Urlaub zu Hause verleben sollte. Zwei schöne Tage seien es in Wien gewesen, sagte er, aber dann war es genug.

Besser ist es schon, daß der ‚Alte' wieder da ist, denken sie alle, aber gut wärs wohl auch gewesen, wenn er das Zuhause richtig ausgekostet hätte. Aber der Kommandeur ist eben anderer Ansicht und sehr zufrieden und glücklich.

Inzwischen ist der ‚Quax', der hauptamtliche Kaczmarek, von seinem Erholungsurlaub zurück, der von den letzten Erfolgsserien seines Kommandeurs durchs Radio erfuhr und sehr erschrocken war, weil er daraus entnehmen mußte, daß der Kommandeur auch ohne ihn Sowjets abschoß. Aber schließlich kann man nicht den Kopf hängen lassen, wenn der eigene Kommandeur, dessen Kaczmarek man ist, der erfolgreichste Jagdflieger der Welt geworden ist, und der Feldwebel Schnörrer, genannt Quax, hat es auch nicht nur zugegeben, daß er aus seiner Freude kein Hehl gemacht hat, sondern er hat seinem Kommandeur von der Freudenfeier gleich eine Abschrift der Rechnung geschickt, um es zu dokumentieren. Beide sind sie also wieder da und voller Frische und Tatendurst. ‚Ich soll bald schreiben, haben die zu Hause gesagt. Vielleicht hört ihr, bevor noch ein Brief da ist, im Rundfunk von mir. Dann wißt ihr ja, es geht mir gut!' Damit hatte sich der Hauptmann zu Hause verabschiedet. Nicht anders geschah es, nur schneller, als irgendeiner eigentlich schon darauf gefaßt war.

Der Tag nach seiner Ankunft war herrlich schön. Endlich einmal klares offenes Herbstwetter nach vielen ungemütlichen Tagen. Über dem Kampfraum südlich Welikije Luki herrscht starke feindliche Fliegertätigkeit. Unsere ‚Kämpfer' ziehen hoch über dem Jägerplatz der Front zu. Der Urlaubsanzug ist eingepackt und die alten Rußlandklamotten werden wieder angezogen. Die ‚Abschußhose' hat einige große Flicken, man sieht ihr an, daß sie im Dienst ergraute. Seit seinen ersten Abschüssen, die einst mit drei Tagen Schlauchbootelend oben bei Ösel bezahlt werden mußten, hat sich der Kommandeur nicht mehr von dem ‚guten Stück' getrennt, obwohl es allmählich ‚museumsreif' wurde.

Am Nachmittag dieses Tages, der, wie man morgens gleich empfand, die Erwartungen nicht enttäuschen würde, war der Kommandeur dreimal wackelnd über den Platz gebraust. Aus einem Verband von 14 Airacobras, die er etwa tausend Meter unter sich auf Gegenkurs entdeckt hatte, schoß er auf Anhieb, mit Fahrtüberschuß von oben herunterstoßend, die erste Maschine ab. Quax erzählte, dieser erste Bolschewist, der dran glauben mußte, sei brennend in Steilspiralen aus 4000 Meter Höhe nach unten getorkelt und einige Minuten lang hätte die Brandfahne, steil heraufstehend, die Aufschlagstelle gekennzeichnet. Die folgenden zwei Abschüsse fielen ziemlich unmittelbar zusammen. Der erste brach auseinander, als der zweite schon die neuerlichen Kanonengarben schlucken mußte. Als das die übrigen elf erlebten, seien sie stiften gegangen, meint Quax noch, aber dann sei es ihm gelungen, selber einen zu erwischen, so daß nur noch 10 Airacobras übrigblieben, als die Unsrigen sich, zu weit über Feindgebiet, zurückziehen mußten.

Am nächsten Morgen ist es, als wiederhole sich der gestrige Tag im Wetterwochenzettel. Und auch alles übrige ist ganz ähnlich. Wie gestern blitzen hoch oben am blauweißen Himmel die feindwärtsziehenden Staffeln und dasselbe erwartungsvolle Gefühl wie gestern stimmte die Umgebung des Kommandeurs, als er wieder zum Feindflug gestartet war.

Vielleicht waren es welche von den gestern übriggebliebenen Airacobras, die sechs Maschinen gleichen Typs, auf die er stieß, denn sie ließen sich nicht erst in einen Luftkampf ein, sondern drehten nach Osten ab, wie von bösen Ahnungen bewogen. Zwei kamen davon, vieren hat es nichts mehr genutzt!

‚Der Kommandeur schießt unfehlbar' sagen seine Männer. Sei er im Luftkampf und schösse nicht ab, dann könne nur eine Ladehemmung schuld sein. Nachmittags trifft er auf dem Weg zu unseren Linien einen Verband leichter bolschewistischer Kampfflugzeuge. Sie bleiben dicht beisammen und die Bordschützen lassen die MGs spucken. Der Kommandeur schießt zwei heraus, die übrigen fliehen schleunigst auf Gegenkurs.

„Ja, es war ein schöner Tag", gibt Hauptmann Nowotny zu und ist vielleicht glücklicher als er zeigt. Er ist sehr gewissenhaft und nimmt die Kommandeurspflichten sehr ernst. Die dienstliche Arbeit liegt nun am Abend noch vor ihm. Und doch sitzt man danach noch fröhlich beisammen.

Das großartige Wetter hält an. Manchmal schwimmen flauschige Wolkenwiesen über der Front. Aber auf das Wetter bleiben sie ohne Einfluß. Als der Kommandeur morgens, mitten in heftigem Luftkampf, schießen will, hat er Ladehemmung. Schließlich, als er am Mittag einen neuen Start ansetzt, erfährt er, daß seine Maschine unklar ist. An diesem Tag wird es nichts mehr.

Am nächsten Mittag fallen innerhalb von 9 Minuten, zwischen 14,20 Uhr und 14,29 Uhr, eine Curtiss P 40, eine Airacobra (ist es vielleicht eine, die an den Vortagen davonkam?), eine Lugg 3 und eine zweite Curtiss P 40. Die Curtiss P 40 war der 235. Abschuß und der 15. innerhalb von vier Tagen.

Am Nachmittag, als es schon dunkel wird, sitzen wir zusammen und es ist gemütlich. Da stimmt jeder dem Quax zu. Der sagt nämlich: ,Entweder man hat's oder man hat's nicht. Ich hab's auch, aber leider nur ein bißchen' (er hat 28 Abschüsse). ,Was den Kommandeur angeht, der hat's vielleicht von jemandem, der's nur ganz wenigen beibringt.' "

Wenige Tage nachdem dieser Bericht geschrieben war, knapp sechs Wochen nach der Verleihung des Eichenlaubes, glaubte ich meinen Ohren nicht zu trauen: In einer Sondermeldung berichtete der Großdeutsche Rundfunk am 20. Oktober 1943:

„Der Führer verlieh am 19. Oktober 1943 Hauptmann Walter Nowotny, Gruppenkommandeur in einem Jagdgeschwader, anläßlich seines 250. Luftsieges als achtem Soldaten der deutschen Wehrmacht das Eichenlaub mit Schwertern und Brillanten zum Ritterkreuz des Eisernen Kreuzes.

Hauptmann Walter Nowotny ist als Jagdflieger der sechste Träger dieser höchsten deutschen Tapferkeitsauszeichnung. Mit 250 Luftsiegen steht er an der Spitze aller deutschen Jagdflieger."

*

Die aufregenden Tage bis zum 250. Abschuß hat noch einmal Kriegsberichter Oberleutnant Hübner, der begeisterte Begleiter meines Bruders, festgehalten:

„Seitdem ist kein Tag vergangen, an dem wir nicht Gelegenheit gehabt hätten, den Hauptmann zu neuen Erfolgen zu beglückwünschen. Er holte die Bolschewisten herunter, daß man fast glauben mochte, sie drängten sich ihm geradezu auf, um von ihm abgeschossen zu werden. Aber die Wirklichkeit ist sehr unromantisch. Luftsiege, die einem Jäger in den Schoß fallen, sind selten und ein nicht alltäglicher Zufall mag dabei seine Hand im Spiele haben. Hier ist aber kein Zufall am Werk, sondern die Überlegenheit fliegerischen Könnens und kämpferischer Schneid.

Die Situationen, in die der Hauptmann zuweilen kam, bis der 250. Gegner gefallen war, sind abenteuerlich. Als unsere angreifenden Sturzkampfflugzeuge plötzlich von bolschewistischen Jägern angenommen werden, gelingt es dem Jagdschutz sie abzuschütteln, ohne daß auch nur eine der Stukas versehrt wird. Während des Kampfes entdeckt der Hauptmann, daß sich eine Curtiss P 40 hinter eine deutsche Stukamaschine setzt ... Er setzte sich selbst nun wieder hinter diese, drückte ab (gleichzeitig mit ihrem Aufschlagbrand schlagen die Detonationen der Stukabomben unten hoch), und geht hoch, um sich ein neues Ziel zu suchen.

Er folgt einem Bolschewisten, hat aber noch nicht wieder die volle Geschwindigkeit, um ihn gleich einzu-

holen, da sein Flugzeug auch die Steigleistung noch mit-
machen muß und so bemerkt er nicht, daß sich ihm eine
Curtiss P 40 in den Nacken setzt. Er erfährt das erst aus
dem Warnungsruf seines Kaczmareks. Das setzte ihn in
Zorn.

Es gelingt dem Hauptmann tatsächlich, in einer Situation, in der die Chancen auf der Seite des von hinten
angreifenden Bolschewisten liegen, diesen auszukurven
und kurz darauf abzuschießen. Die Stukas haben inzwischen nach ihrem Angriff die Frontlinie wieder erreicht und überflogen.

Der Hauptmann, der etwas zurückgeblieben ist, entdeckt noch einige im Tiefflug vor unseren Stellungen
hinstreichende feindliche Jäger, greift sofort an, befindet sich von neuem im Luftkampf, schießt den vierten
Gegner während ein und desselben Feindfluges ab und
erreicht damit seinen 246. Luftsieg.

Als die bolschewistischen Jäger am nächsten Tag unsere Aufklärung hindern wollen, holt Hauptmann Nowotny seinen 247. und 249. Gegner herunter. Von den
übrigen Bolschewisten war nichts mehr zu entdecken.
Unsere Aufklärung hatte also freies Feld.

Schließlich, als er den Frontraum noch einmal ab-
streifte, entdeckte er noch einen alleinfliegenden Gegner, eine Curtiss P 40, die sich als ein sehr beachtlicher
Gegner erwies. Der Zweikampf dauerte etwa zehn Minuten, dann stürzte der 250. zu Boden.

Auf dem Feldflugplatz war der Jubel groß. Der Flak-
kommandeur ließ Salut schießen und ein Leuchtfeuer-
werk aus Signalmunition begrüßte den heimkehrenden
Flieger und erfolgreichsten Jäger, der die stolzen Erfolge des Ersten und dieses Weltkrieges nicht nur erreichte, sondern weit überflügelte."

*

Quax, der Augenzeuge der unmittelbar folgenden Ereignisse berichtet darüber folgendes:

„Wer es sich nur leisten konnte, kam herbeigerast, um
Nowy zu beglückwünschen. Der Stabsarzt empfing uns

vor unseren Flugzeugen mit einer Flasche Sekt, der er mit seinem Fliegerschwert den Kopf abschlug. Uns blieb nichts anderes übrig, als zu den Gläsern zu greifen und das sprudelnde Edelwasser hinunterzuspülen.

In überschwenglicher Begeisterung trat Nowy vor die versammelte Platzmannschaft: ‚Kinder, das Leben ist schön, aber gratuliert auch meinem Quax, denn ohne ihn wären meine Erfolge nicht möglich gewesen!‘ Verlegen versuchte ich mich beiseite zu schieben. Wenn ich auch bis zu einem gewissen Grad an seinen Erfolgen mitbeteiligt war und jeder von uns hundertmal dem anderen das Leben rettete, so stand ich doch weit mehr in Nowys Schuld als er in meiner.

Nach dieser soldatisch kurzen Ansprache begann ein Jubeln und Lärmen! Nowy wurde ans Telefon gerufen. General Ritter von Greim*, unser Papa, vermittelte Nowy als erster seine Glückwünsche. Kurz darauf nahm mich Nowy zur Seite: ‚Quax, ich hab mir vorgenommen, wenn ich den 250. Luftsieg erreiche, einmal so zu feiern, daß alles Kopf steht. Ich habe schon lange keine anständige Frau mehr gesehen. Heute mache ich großes Pipapo, ich fliege mit der Reisemaschine nach Wilna und hau einen drauf. Quax, komm, flieg mit.‘

Meine Freunde, Toni, Rudi und Hans bestürmten mich, daheimzubleiben, damit wenigstens einer von uns da sei, mit dem sie feiern konnten. Ich brauchte nicht lange zu überlegen, denn ich wußte, daß meine Kameraden es mir übelnehmen würden, wenn auch ich davonginge. Ich teilte Nowy mit, daß ich zuhause bliebe.

‚Also gut, dann bist Du für heute Kommandeur‘, sagte er zu mir — und schon rauschte er weg.

Er nahm sich nicht einmal Zeit zum Waschen, setzte sich sogleich in die Me 108 und flog zusammen mit dem Stabs-

---

* Späterer Generalfeldmarschall, 1945 letzter Oberbefehlshaber der Luftwaffe.

arzt nach Wilna. Auf Grund meiner Befehlsgewalt luchste ich auf Nowys Kosten dem Verpflegsintendanten unseres Geschwaders fast alle vorhandenen Weine und Spirituosen ab. Jede Staffel erhielt zur Feier des Tages eine Sonderzuteilung und ein hervorragendes Essen. Im Kasino war es schon nach wenigen Stunden so weit, daß die meisten sich nicht mehr kannten.

Eine Ordonnanz verlangte plötzlich Nowotny ans Telefon. General Greim wolle ihn sprechen. Alle, die in meiner Nähe saßen, spürten, wie es mich schüttelte und mir abwechselnd heiß und kalt wurde. Ich wußte zwar, wo Nowotny sich aufhielt, aber wie hätte ich das dem General sagen können?

Lallend hing ich mich an die Strippe und brachte mit Ach und Krach nur noch ‚Herr General' — über meine Lippen. Kaum hatte der General meine Worte gehört, als er mich schon anfuhr: ‚Du alte Wildsau, bist wohl besoffen?'

Pflichtgemäß antwortete ich: ‚Jawohl'.

Papa Greim war im ersten Weltkrieg selbst aktiver Flieger gewesen und kannte die Sorgen und Nöte seiner Nachfahren aus eigener Anschauung.

‚Mensch, Quax', donnerte er los, ‚reiß dich noch mal zusammen und sag mir, wo Nowotny steckt, der Führer möchte ihn beglückwünschen und ihm die Brillanten verleihen.'

Wie ein Blitz fuhr mir dies in die Knochen. Für den Moment war der Alkohol verflogen und ich antwortete: ‚Herr General, Nowy sitzt in Wilna in der Ria-Bar. Er will heute einen draufhauen.'

‚Na also, da haben wir es ja. Da müssen eben die Luftnachrichtenleute zeigen, was sie können. Morgen früh um acht Uhr bist du bereit, denn auch Du mußt mit Nowy zum Führer.'

Ich legte das Telefon auf und eilte zu meinen Freunden. Trotz meiner ‚Kommandeurwürde‘ war es eine schwierige Aufgabe, sich in dieser wilden Atmosphäre Gehör zu verschaffen. Als ich das Gespräch mit dem General erzählte, wollte der Freudenausbruch kein Ende nehmen. Die älteren unter uns bekamen es aber mit der Angst zu tun, denn sie glaubten nicht, daß es den Luftnachrichtlern gelingen würde, Hitler mit der Ria-Bar zu verbinden.

Was sich da abspielen sollte, war sicher einmalig in der ganzen Kriegsgeschichte. Tatsächlich gelang es auch. Nowy erzählte mir später, wie er in Wilna zu vorgerückter Stunde gebeten worden sei, ans Telefon zu kommen. Dort vernahm er die Stimme eines Adjutanten: ‚Ich verbinde Sie mit dem Führer‘. Nowy glaubte, in die Erde versinken zu müssen, so schämte er sich der Situation, in der er sich befand. Während er in einer Bar in Litauen saß, rund um sich herum dekolletierte Damen, Jubel und Trubel und Heiterkeit, sprach mit ihm der Oberste Befehlshaber der Deutschen Wehrmacht aus seinem ostpreußischen Hauptquartier, um ihm die Verleihung der damals höchsten militärischen Auszeichnung persönlich mitzuteilen!

‚Hätte Adolf gewußt, wo ich wirklich war, ich glaube, er hätte sich das mit den Brillanten noch einmal anders überlegt‘, gestand Nowy offen.

Am nächsten Morgen traf die He 111 des Generals Greim in Witebsk ein. Ich wurde an Bord genommen und nach Wilna geflogen. Bevor der Flug ins Hauptquartier begann, sprangen wir ins Bad und zogen unsere besten Uniformen an. Nach knapp vier Stunden landeten wir ohne Zwischenfall in Lötzen. Mit dem Auto wurden wir zur Luftwaffenbefehlsstation ‚Robinson‘ gebracht. Göring war nicht anwesend und so übernahm es der Adjutant, uns überall vorzustellen und bei Hitler anzumelden. Ein schwerer Mercedeswagen brachte uns ins Führerhauptquartier, das durch drei bewachte Sperrzonen nach außen gesichert war. Mit Kaffee und belegten Broten wurden wir in einem einfachen Raum empfangen. Uns brummte immer noch der Schädel und mir war es eher zum Sterben zumute, als vor Hitler stramm zu stehen. Wir einigten uns, daß ich, während Nowy allein zum Führer ging, beim Adjutanten bleiben könne.

Ich hatte nun Zeit, mich ausgiebig in einem Spiegel zu betrachten. Mein Gesicht war weiß wie Käse, müde und abgezehrt. Es schien, als sei nicht Nowy, sondern ich in Wilna gewesen. Nach einer Stunde kam er zurück. Er strahlte über das ganze Gesicht und ich hatte den Eindruck, als sei er jünger, frischer und unternehmungslustiger denn je: an seinem Halse glitzerten die Brillanten.

Als wir gemeinsam weggingen, stand Hitler vor seinem Bunker. Er war in Gedanken versunken und hatte seinen bekannten Wolfshund an der Leine. Nowotny konnte es sich nicht verkneifen, mich wenigstens im Vorbeigehen noch vorzustellen."

*

Der Tag der Verleihung der höchsten deutschen Tapferkeitsauszeichnung an meinen Bruder war für mich begreiflicherweise einer meiner stolzesten Tage, und der Wunsch, Walter nach Jahren endlich einmal wiederzusehen, wurde immer stärker. Gelegentlich einer Dienstreise nach Belgrad nahm ich die seltene Gelegenheit wahr, wieder einmal einen deutschen Film anzusehen. Am Schluß der Vorstellung wurde noch die Wochenschau gezeigt. Nach einem der üblichen Bilder von der Ostfront setzte im zweiten Bild eine He 111 zur Landung an. Dann schwenkte die Kamera auf die wartenden Gäste auf dem Flugfeld Aspern, und plötzlich wurde mir heiß und kalt zugleich.

Da stand mein ergrauter Vater, den altvertrauten Hut auf dem Kopf und neben ihm die gute Mutter, den Blick auf die langsam ausrollende Maschine gerichtet, der Walter im Schmuck seiner eben erst erhaltenen Auszeichnungen entstieg. Hauptmann Nowotny würde, so hieß es im Begleittext, einen längeren Urlaub im Elternhaus verbringen.

In der gleichen Nacht zur Truppe zurückgekehrt, ersuchte ich sofort um einen dreitägigen Sonderurlaub nach Wien, um den Bruder zu sehen, und erhielt ihn auch. Leider aber war, als ich 19 Stunden später in der Schönererstraße ankam, Walter kurz vorher wieder abberufen worden. So mußte ich mit den Erzählungen der Eltern vorlieb nehmen, konnte auch die schönen Verleihungsurkunden zum Eichenlaub und den Schwertern ansehen, die Walter dem Vater zur Aufbewahrung zurückgelassen hatte.

Der „Wirbel" zu Hause war vorher groß gewesen, und den nachstehenden Bericht einer Wiener Zeitung habe ich mir aufgehoben:

„Das Haus Nr. 32 in der Schönererstraße war gestern der Zielpunkt der allgemeinen Aufmerksamkeit. Seit Freitag abends ist Hauptmann Walter Nowotny in Wien, der beste Jagdflieger der Welt, dem vor ein paar Tagen der Führer die höchste deutsche Tapferkeitsauszeichnung, die Brillanten zum Ritterkreuz des Eisernen Kreuzes, verliehen hat.

Mit uns zugleich kommen zu der Wohnungstür im ersten Stock des Hauses Kinder mit einem Blumenstrauß. Sie kommt nicht zur Ruhe, diese Tür, denn unmittelbar hinter uns läutet oder klopft es ununterbrochen. Freunde kommen und fragen nach dem Walter, Blumensträuße mit Briefen werden abgegeben, Pakete mit Geschenken. Der junge Flieger ist nicht zu Hause, die Eltern empfangen seine Besuche.

Vater Nowotny besitzt ein beneidenswertes, ruhiges Naturell, an dem das fieberhafte Treiben sich bricht wie die Brandungswellen am Fels. Er wiederholt Auskünfte, die er schon hundertmal gegeben hat, bis er endlich ein paar Minuten für den neuen Besucher übrig hat. Auf dem Schreibtisch stehen, über demselben hängen Bilder seiner drei Söhne, von denen der 26jährige Hubert in Stalingrad vermißt ist, während der 31jährige Rudolf als Leutnant an der Südostfront steht. Genau über dem Schreibtisch aber hängt ein großes Bild der drei Söhne im Kindesalter, von denen der etwa 4jährige Walter die eine Hand zur Faust geballt hat und mit gespreizten Beinen dasteht, als hätte er einen Angriff zu erwarten.

,So war er damals schon', erzählt Vater Nowotny, ,immer bereit, wenn es galt, sich durchzusetzen.' "

Bei Walters Abreise war es zugegangen, wie einst bei „Kaisers Geburtstag":

„Gestern früh war das Haus in der Schönererstraße, in dem die Eltern des Brillantenträgers Hauptmann Nowotny wohnen, neuerdings Ziel zahlreicher Menschen, die den jungen Offizier noch einmal sehen wollten, bevor er zu seinem Rückflug an die Front startete. So war vor dem Wohnhaus auch die Schuljugend der umliegenden Schulen versammelt. Jedes Kind hatte ein Fähnchen in der Hand und alle Kinder bildeten eine bunte Straße, die vom Wohnhaus bis zum Tegetthoffdenkmal führte, wo der Wagen Nowotnys wartete, um ihn zum Flugplatz zu bringen.

Punkt 9 Uhr kam der junge Hauptmann in Begleitung seiner Eltern herunter. Sofort umdrängte eine begeisterte Menge von Kindern und Erwachsenen die Gruppe, so daß die gewechselten Worte in den Freudenrufen untergingen. Wie sehr ihr Sohn der ganzen Volksgemeinschaft gehört, das erfuhr die Mutter des hervorragenden Offiziers, die — da die begeisterte Menge sie ja nicht kannte — bald von ihrem Sohn abgedrängt war und vergebens versuchte, wieder bis zu ihm zu gelangen.

Dann bewegte sich der Zug mit dem Hauptmann an der Spitze durch das dichte Spalier der Menschen dem Praterstern zu. Der Wagen Hauptmann Nowotnys war so dicht von Menschen umdrängt, daß es ihm nur unter Beihilfe gelang, den Wagenschlag zu öffnen und unter tosenden Heilrufen der Jugend einzusteigen. Die Liebe und Dankbarkeit der Wiener mag dem Hauptmann und seinen Eltern in den wenigen Tagen seiner Anwesenheit in Wien manchmal etwas zu viel geworden sein. Aber sie werden ihnen doch auch unvergeßlich fürs ganze Leben bleiben."

Eine sachliche Nachbemerkung: Die zum Zeitpunkt der Verleihung der Brillanten nachgewiesene Zahl von 250 bestätigten Abschüssen Walters war im Hinblick auf die von ihm geflogenen 442 Einsätze zweifellos eine einmalige und unerreichte fliegerische und soldatische Leistung. Dabei fanden über 50 weitere Abschüsse keine Anerkennung, weil hierfür keine Zeugen vorhanden waren. Wie viele schneidige Jäger, wurde auch er oft weit hinter den russischen Linien in Luftkämpfe verwickelt, die zwar erfolgreich endeten, aber mangels bestätigender Zeugen nicht anerkannt werden konnten.

Wieder an der Front — „Quax" stürzt ab!

Es war damals üblich, daß die Spitzenkönner der Fliegerei aus dem Fronteinsatz zurückgezogen wurden, um als Lehrer für den fliegerischen Nachwuchs zu wirken. Mit Walter wurde auch hier zunächst eine Ausnahme gemacht. Wie mein Bruder mir später erzählte, hat Hitler ihn bei dem langen Gespräch im Hauptquartier zwar einen „Zauberer" genannt, ihn wie einen Sohn mit „Du" und „mein lieber Walter" angesprochen, aber doch das von Walter befürchtete „Flugverbot" nicht ausgesprochen.

Also war Walter nach den paar Tagen zu Hause erneut zum Fronteinsatz losgebraust.

Es war schon Herbst 1943 und alle Freude über die stolzen Erfolge konnte nicht mehr über den Ernst der deutschen Lage hinwegtäuschen. Der Ring der Feinde wurde immer mächtiger und zog sich langsam beängstigend zusammen.

Kiew war bereits in sowjetische Hand gefallen, die Meerenge von Kertsch das Ziel härtester russischer Anstrengungen, bei Cherson, Dnjepropetrowsk und nördlich Kriwoj Rog wurde erbittert gekämpft. Im Raume Newel, wo Walters Einheit jetzt eingesetzt war, versuchten die Rotarmisten, die sich zähe und bisher erfolgreich wehrende deutsche Abwehrfront mit allen Mitteln zu durchbrechen.

*

Kaum zurückgekehrt, kletterten Walter und sein Quax sofort wieder in die Maschinen. Tag für Tag folgten die Luftkämpfe.

Am 10. November fiel Toni Döbbele, einer der Alten der Staffel.

Sein Tod erschütterte die Kameraden mehr als sie zugeben wollten. Niedergeschlagen meinte Quax: „Der nächste der fällig ist, werde wohl ich sein!"

Eyer, der technische Offizier stand auf und sagte entschieden: „Wenn es nach Todesahnungen ginge, dann lebte von Euch allen keiner mehr. Ich möchte den sehen, der nicht schon welche gehabt hätte. An die Reihe kommt schließlich ein jeder, aber davon auch noch zu reden, dazu besteht kein Anlaß!" und verließ den Raum. Die allmählich sich steigernden Verluste hatten die Nerven aller bis zum Zerreißen angespannt.

*

Kurz nach dieser Unterhaltung starteten Walter und Quax, die Unzertrennlichen, im schlechtesten Regenwetter zum Feindflug gegen Newel, da die Infanterie dringend nach deutschen Jägern gerufen hatte. Regen und Nebelwände behinderten die Sicht.

Dicht vor Walters Maschine tauchte eine rote IL 2 auf und kaum war sie im Visier, schmierte sie auch schon brennend in die Tiefe. Ein Genosse des Abgeschossenen hing sich augenblicklich hinter „Nowy". Aber schon war Quax zur Stelle und deckte meinen Bruder. Der Russe folgte ebenfalls brennend seinem Gefährten.

Da schrie Walter: „Quax, reiß deine Maschine nach links, du brennst!" Er selbst riß seine Maschine ebenfalls herum und stellte die feindlichen Maschinen, die auf ein halbes Dutzend anwuchsen. Aber trotzdem verfolgte Walter mit einem blitzschnellen Blick seinen Rottenflieger und Freund.

„Spring doch!" brüllte er, „in den Wäldern kannst du niemals notlanden!"

Meinem lieben Quax
zur Erinnerung an die
vielen preußigen und
kniffligen Situationen,
die wir zusammen in
diesem gewaltigen Kriege
gemeistert haben und
noch meistern werden.
Von Dank will ich nicht
reden.
    Bleib ein anständiger
Kerl.
        Dein Nowi

FAKSIMILE EINER BILDWIDMUNG

Quax versuchte noch vergeblich, die brennende Maschine hochzuziehen, durch das Schott schlug bereits das Feuer. Aus. Mit letzter Kraft sprang er ins Leere.

Als er wieder die Augen aufschlug, lag er in einem Bett — und an seiner Seite saß Walter.

Erst viel später, bei einem Krankenhausbesuch, konnte er ihm erzählen, wie sich noch alles abgespielt hatte.

„Knapp unter der Wolkendecke sah ich Dich in etwa 50 bis 70 Meter Höhe aus deiner brennenden Kiste herausspringen. Mir stand das Herz still. Gespannt wartete ich, ob sich bei dieser geringen Höhe der Fallschirm noch öffnen würde. Ich sah, wie der Hilfsfallschirm nur wenige Meter über der Erde den Schlauch des Hauptschirmes herauszog, ein kurzes Öffnen — und schon warst Du im Dreck untergetaucht."

Walter nahm sofort mit dem Heimatplatz Verbindung auf und gab den Befehl, den Fieseler Storch herzurichten und Quax, der dicht hinter der Front, oder sogar in der Hauptkampflinie gesprungen war, jedenfalls und unter allen Umständen tot oder lebend nach Hause zu bringen.

Mit zerschlagenen Beinen und einem Schädelbruch wurde Quax von einigen mutigen Infanteristen schließlich geborgen und zum Verbandplatz gebracht.

General Greim, der von dem Unglück durch Nowotny gehört hatte, stellte sofort eine Ju 52 zur Verfügung, die Quax mit anderen Schwerverwundeten über Warschau nach dem Luftwaffenlazarett Halle-Döhlau brachte. Dort wurde noch im Beisein meines Bruders sein Körper mit allen modernsten Apparaten untersucht, und festgestellt, daß unmittelbare Lebensgefahr nicht mehr bestand.

Unter den Kameraden schlug die Nachricht, daß Quax abgeschossen sei, wie eine Bombe ein. Jeder dachte an das kurz vorher stattgefundene Gespräch über die Todesahnung. Alle atmeten erleichtert auf, als die Nachricht kam, daß Quax geborgen sei und lebte — er lebt heute noch!

Nowotny kam in beruhigter Stimmung aus Halle zurück. Die Freude, daß sein Quax nicht lebensgefährlich verletzt war, war größer als der Ärger über das Pech. Er beruhigte die Kameraden und berichtete, daß sein 255. gefallen sei. Auch Karl Schnörrer, der bereits seine 35 Abschüsse zu verzeichnen hatte, konnte einen neuen Luftsieg buchen.

„Der Kerl wollte doch tatsächlich die angeschlagene Maschine in dem steinigen Gelände notlanden. Ich habe ihm aber über Funksprech noch zugerufen, das um Gottes Willen zu unterlassen, weil es unweigerlich schief gehen mußte, und habe ihm ‚hochziehen und aus der Rückenlage abspringen!‘ befohlen. Quax tat das auch; aber es war scheußlich, wie die Maschine plötzlich abzuschmieren begann und Quax noch immer nicht draußen war. Erst im letzten Augenblick fiel er raus und trieb in einen leicht zugefrorenen Graben hinein, wo er vom Wind, der am Schirm riß, noch anständig gebeutelt wurde. Rat ich ihm extra, hochzuziehen und rauszuspringen", schloß Walter gutmütig schimpfend seine Erzählung, „und dann springt er in den Graben, der Aff!"

Aber ganz so leicht, wie es nach solchen Worten scheinen mag, findet er sich mit diesem Unglück nicht ab. Es ist eine alte Sache, die auch seine Kameraden längst bei ihm kennengelernt haben: Von allen Gefühlen, die ihn bewegen, läßt er nach außen nur wenig durchdringen. Nur selten gibt es Augenblicke, in denen sein Temperament ganz impulsiv herausbricht. Einer von diesen Augenblicken ist es, als die ganze verheimlichte Sorge um den schwerverletzten Kameraden sich in den Worten äußert: „Hundert Abschüsse gäbe ich, ach was sag ich, alle gäbe ich drum, wenn nur der Quax davon wieder gesund würde!"

Noch einmal in den Bergen

In diesen Wochen bemühte ich mich brieflich um einen gemeinsamen Winterurlaub mit Walter und hatte schließlich auch Erfolg. Der jetzt viel Beschäftigte schrieb um Weihnachten 1943, daß er mich am 1. Januar 1944 in Wien erwarte.

Und dann kam der mit Spannung erwartete Augenblick. Auf mein Klingeln an der Wohnungstür der Eltern wurde geöffnet und vor mir stand Walter, frisch und munter wie einst, als wir uns zum letzten Mal verabschiedeten — es war auf der Kriegsschule Döberitz gewesen, wo er mich besucht hatte. Jetzt baumelte an seinem Hals die „Blechkrawatte", wie er sie nannte.

Meine Befürchtungen, seine atemberaubenden Erfolge und die damit verbundene Popularität könnten dem Jungen vielleicht doch in den Kopf gestiegen sein, erfüllten sich nicht. Walter war geblieben, was er immer war. Keineswegs unnahbar oder gar arrogant, ein auf seine Art gewinnender, heiterer, grundanständiger Charakter. Diese Überzeugung gewann ich mit dem ersten Händedruck, noch zwischen Tür und Angel. In den Tagen des gemeinsamen Urlaubs fand ich sie bestätigt.

Die nicht endenwollenden Ehrungen arteten langsam zu einer förmlichen Belagerung der elterlichen Wohnung aus. Die Apparate der Wochenschau waren aufgebaut, lange Kabel liefen zur Tür hinaus. Das Telefon klingelte ohne Unterlaß, und die Reporter verfolgten unsere arme Mutter bis an den Küchenherd. Die unvermeidlichen Autogrammjäger standen schon im Morgengrauen auf der Straße und ganze Schulklassen wanderten, gleich Prozessionen, an der Nummer 32 der Schönererstraße vorbei. Zeitweise war die Straße bis zum Praterstern schwarz von Menschen, die alle wenigstens einen Blick auf den jungen Helden als Erinnerung in ihren grauen Alltag mitnehmen wollten.

Das rührendste Erlebnis aber brachte ein acht Jahre alter Junge, der eines Abends vor unserer Wohnungstür selig schlummernd vorgefunden wurde, in seinen Händen krampfhaft einen Blumenstrauß haltend. Die Eltern hatten dem Kleinen leider sagen müssen, daß Walter, dem er seinen Wunsch aufsagen wollte, nicht zu Hause sei und wahrscheinlich erst nachts zurückkommen würde. Daraufhin verabschiedete sich der Bub und wurde dann von meinem heimkehrenden Bruder in dem geschilderten Zustand aufgefunden, in die Wohnung mitgenommen und für sein Ausharren belohnt. Der Kleine, nach Erholung von dem jähen Schreck des Gewecktwerdens, sagte sein Sprüchlein dann doch noch auf und strahlte übers ganze Gesicht. In solchen Augenblicken war Walter selber beglückt wie ein Kind und vergaß darüber für kurze Zeit den Ernst der Zeit, der im Hintergrund seiner dramatischen Laufbahn stand . . .

Der Jugend, aus deren Reihen Walter einst den Weg zur Luftwaffe genommen hatte, galt unverändert seine besondere Zuneigung. Während er alle Autogrammjäger, im besonderen die ihm manchmal überaus lästigen Fanatiker dieser Sorte, oft direkt verjagte, ist kein Mädel oder Junge jemals ohne die erbetene Unterschrift verabschiedet worden. Wochenlang mußte die gute Mutter in seinem Auftrag Waschkörbe voll Post, die von der begeisterten Jugend des ganzen Reiches kam, mit eigenhändig von ihm unterschriebenen Bildern beantworten.

Anläßlich dieses Zusammentreffens in der Schönererstraße habe auch ich aus diesen Körben einige Dutzend
dieser Briefe und Telegramme entnommen und überflogen. Da lagen friedlich vereint Glückwünsche höchster
staatlicher Dienststellen neben solchen irgendeines un-
bekannten Jungen, Briefe voll hohler, nichtssagender Phra-
sen neben kurzen, aber in ihrer Schlichtheit überzeugen-
den Glückwünschen. Geschenke aller Art als Zeichen der
Bewunderung neben Bittbriefen solcher, die sich von
Hauptmann Nowotny Hilfe erwarteten. Hätte Walter jemals all die ankommende Post lesen wollen, er hätte Monate dazu gebraucht!

Es war teilweise zu viel, was man dem Jung -n zumutete
und er mußte sich bald wie ein gehetztes Wild vorkommen.
Damals erkannte ich, daß Popularität eine Qual werden
kann!

Daneben schleppte man den — nach Oberst Gollob —
zweiten, und damit letzten, Österreicher mit der höchsten
deutschen Tapferkeitsauszeichnung von einer Kundge-
bung zur anderen. Heute freuten sich die BdM-Mädel bei
einer Spielzeugausstellung auf seinen Besuch, morgen saß
er inmitten verwundeter Kameraden in einem Luftwaffenlazarett.

Am 7. Dezember 1943 wurde wie alljährlich in Berlin
der „Tag des deutschen Eisenbahners" besonders festlich gefeiert. In der Feierstunde im Theater des Volkes
überreichte der Brillantenträger Walter Nowotny dem
Lokomotivführer Kindervater das neugeschaffene Ritterkreuz zum Kriegsverdienstkreuz.

Von dieser Veranstaltung erhielt Vater, der ja selbst
Eisenbahner war, eine Karte, auf die er bis zu seinem Tode
stolz gewesen ist. Der Reichsverkehrsminister Dr. Dorpmüller schrieb: „Ihr Junge war bei uns. Ihr habt ihn wohl
erzogen. Bravo! Dorpmüller."

Auf Einladung der Focke-Wulf-Werke besuchte Walter diese in den Tagen vor Weihnachten 1943 und schloß enge Freundschaft mit dem damals wie heute rastlos an Neuschöpfungen arbeitenden Konstrukteur Professor Kurt Tank. In der Maschine wie auf dem Konstruktionsbrett wurde der gegenseitige Austausch von Erfahrungen und Meinungen gepflogen. Das dem Bruder damals zur Erinnerung geschenkte Modell der FW 190 hat Krieg und Bombensegen überlebt und befindet sich heute noch im Besitz meiner Mutter.

Zum damaligen letzten Besuch Walters in Wien gehörte auch eine Ehrung, die ihn besonders gefreut hat.

Am 18. Januar 1944 überreichte ihm der damalige Wiener Bürgermeister Dipl.-Ing. Blaschke den Ehrenring der Stadt Wien, die höchste Auszeichnung, die Wien vergibt; die noch erhaltene Widmungsurkunde hat folgenden Wortlaut:

„Die Stadt Wien widmet ihrem Bürger Hauptmann Walter Nowotny in dankbarer Würdigung seines heldenhaften Einsatzes für Deutschlands Größe den Ehrenring der Stadt Wien."

Es handelte sich um einen massiven, goldenen Siegelring mit dem Wappen der Stadt Wien, der, an den Träger gebunden, nach dem Tod meines Bruders wieder zurückgegeben wurde. Walter konnte diesen Ring nur noch bei wenigen Gelegenheiten tragen, aber er hat es, heimatverbunden wie er war, mit Stolz getan.

*

Im Morgengrauen eines frostklaren Wintertages, der Bruder den Mantelkragen hochgeschlagen, um nicht erkannt zu werden, entflohen wir den Wiener Aufregungen.

Im Eilzug der Strecke Wien-Linz war für ihn, meine Frau und mich ein Abteil reserviert, und zum Schutz gegen Belästigungen durch allzu begeisterte Verehrer versah ein eigener Bahnpolizist Dienst.

Wir landeten dann auch in aller Stille auf meiner seit Jahren immer wieder besuchten Hütte in den Schladminger Tauern. Walter war begeistert: in Schnee und Sonne ein herrliches Schigebiet; und wir verlebten glückliche Tage und die göttliche Ruhe — wir waren vorerst die einzigen Gäste auf der Hütte — taten ihm nach dem Tanz um seine Popularität sichtlich gut.

Als vierter im Bunde war ein interessanter Mann zu uns gestoßen, der bereits mehrfach genannte Oberleutnant Kurt Hübner, Luftwaffenbildberichter, der im Auftrage des Oberkommandos der Wehrmacht ein Buch über meinen Bruder Walter schreiben sollte. Es wurde ein ungleicher Zweikampf. Der tüchtige Mann mühte sich nach Kräften, aus seinem Angriffsobjekt etwas herauszuquetschen. Aber nach etlichen Tagen mußte er es aufgeben, denn Walter, der von uns allen gleich zu Beginn erbat, nicht über seine Fliegerei befragt zu werden, wurde geradezu wütend, wenn Hübner nur den Mund aufmachte. Auf dem Weg über mich aber hatte er dann schließlich etwas mehr Erfolg.

Auch ich war natürlich etwas enttäuscht über die Verschlossenheit des Bruders, denn ich wollte ja so vieles von ihm wissen. Man mußte ihm buchstäblich jedes Wort aus dem Munde ziehen, denn er wollte sich ja endlich einmal unbeschwert erholen. Und doch stammt all mein Wissen um seine Erlebnisse und Begegnungen aus diesen wenigen Tagen in den Bergen.

Wirklich „aufgetaut" ist Walter nur an einem Abend, als er von seinen Erlebnissen im Hauptquartier erzählte. Hatte er in den Wochen vor seinem dortigen Besuch Hitler verblüfft, indem er sich kurz nach dem Eichenlaub schon die Schwerter, gleich nach den Schwertern die Brillanten holte, so war es dann dém Obersten Befehlshaber gelungen, den Hauptmann zu überraschen: Da wurde von den Eltern gesprochen und von Vaters dienstlicher Verwendung, auch von Hitlers Rednertätigkeit im niederösterreichischen Waldviertel. „Frage Deinen Vater" sagte Hitler zu Walter, „ob er sich noch an die Versammlung in Eurer Heimatstadt Gmünd erinnert?" Er wußte auch, daß Hubert in Stalingrad geblieben war, und er wollte sogar erfahren, wo ich eingesetzt sei. Aus meinem letzten Feldpostbrief konnte Walter berichten, daß ich mit meiner Kompanie im Partisanengebiet des Balkans kämpfte. Während seither oft berichtet wurde, Hitler habe seine Besucher wenig zu Wort kommen lassen — bei Walter war es anders; Hitler forderte ihn sogar auf „zu erzählen" und Walter ergriff die Gelegenheit beim Schopf, an Befangenheit hat er selten gelitten. So schilderte er nicht nur Fronteindrücke, sondern er sprach auch allgemein, wie er mir berichtete, „frei und ungehemmt über verschiedene Probleme des Luftkrieges". Es sollte sich später herausstellen, daß Walters Unbekümmertheit auch hier keinen schlechten sondern einen guten Eindruck hinterließ.

*

Im Verlauf der Wanderungen, die wir in diesen Tagen unternahmen, stellte sich zu meinem Erstaunen heraus, daß Walter auch jetzt noch nicht „bergfest" war. Als wir einen Grat überqueren wollten, der vielleicht 200 Meter steil abfiel, wurde Walter blaß und sagte: „Da gehe ich nicht weiter, das ist doch glatter Selbstmord!"

Meine Frau und ich waren sprachlos. Der Held mörderischster Einsätze und Luftsiege in schwindelnder Höhe schreckte vor diesem kleinen Grat zurück.

Walter lachte und sagte: „Das versteht ihr nicht. Wenn man in der Kiste drinnen sitzt, ist es genau wie auf einem Motorrad. Nur ein einziger Unterschied: daß es in der Luft keine Bäume und keinen Straßengraben gibt."

*

Die so wohltuende Einsamkeit und Ruhe auf der Hütte wurde eines Tages auf sonderbare Art unterbrochen. Im Morgengrauen erschien plötzlich eine lange Schlange im Gänsemarsch stapfender Menschen aus dem Tal. Ich ahnte Fürchterliches, denn Walter hatte gedroht, im Falle einer neuerlichen Invasion sensationshungriger Zeitgenossen sofort abzufahren. Bald darauf suchte mich die Hüttenwirtin in meinem Zimmer auf und teilte mir das Anliegen der Einheimischen mit. Sie baten in schlichten Worten, den „großen Helden", wie sie sagten, nur ganz kurz sehen zu dürfen.

Nun wußte ich, daß der „große Held" sich nie freiwillig als Besichtigungsobjekt zeigen würde. Andererseits wollte ich die biederen Steirer, die gewiß keine „Sensationshascher" waren und sich die Mühe des Aufstieges gemacht hatten, nicht enttäuschen. In diesem Fall konnte nur Überraschungsstrategie helfen:

Als wir etwas später beim Frühstück saßen, ging auf einmal die Tür auf und dann trat einer nach dem anderen, wie auf Socken, still und behutsam ein und gleich einer Prozession zogen Männlein und Weiblein, Alt und Jung bei der einen Tür herein und bei der anderen wieder hinaus. Viel zu spät erfaßte Walter die Situation und er rettete sich schließlich in sein altes, jungenhaftes Lachen. Er war, wie er mir nachher gestand, selbst ergriffen von dem einfachen und schlichten Gehaben dieser Menschen. Schließlich durften sich alle versammeln und Walters kostbare Auszeichnung bewundern. Die stille Ergriffenheit der einen, das Staunen in den Augen der anderen, bleiben mir unvergeßlich.

Wenig später sahen wir die steirischen Bauern mit ihren Frauen und Kindern wieder hinuntersteigen durch den tief verschneiten Bergwald, so wie sie gekommen, ihrerseits ein sprechender Beweis dafür, daß der einfache Mann der Berge sich sehr oft besser zu benehmen weiß als der Stadtmensch in seiner Aufdringlichkeit...

*

Wir hatten uns gerade eingelebt in der schönen Hütte und das Wetter meinte es gut mit uns, Sonne und Schnee lag über den heimatlichen Bergen. Für die zweite Urlaubswoche waren bereits größere Touren geplant. Da kam der große „Strich durch die Rechnung". Am 6. Januar 1944 forderte ein Telegramm aus dem Hauptquartier Walters sofortige Abreise zu neuer Verwendung. Er vermutete, daß es sich nun doch um die Zurückziehung von der Front, um das „Flugverbot" handeln werde, und er sollte darin Recht behalten.

Ohne es ihm zu sagen, faßte ich die Nachricht freudig auf: ich war die Sorge nicht losgeworden, daß Walters Fliegerglück eines Tages doch zum tragischen Ende führen würde und nun zeigte sich plötzlich die Hoffnung, er werde uns erhalten bleiben. Was sollte ihm nun auch noch geschehen können, wenn er — Sieger in über 250 Luftkämpfen — von der Front zurückgezogen wurde?!

Unbeschwert sagte ich mein brüderliches „Servus, Walter" als wir uns trennten — und doch war es unser letzter Abschied.

Die Me 262

Für ein paar Tage hatte Walter doch noch an die Ostfront zurückkehren können, aber im Februar 1944 war es
endgültig soweit: er mußte Abschied nehmen von Gruppe
und Geschwader und von den vielen Kameraden, denen
er jahrelang Kamerad und Vorbild gewesen war.

Er war durch Führerbefehl aus dem aktiven Einsatz
herausgezogen und mit der Leitung der Jagdfliegerschule I,
deren Standort Paux in den französischen Pyrenäen lag,
betraut worden. Seine taktischen und technischen Fähig-
keiten sollten dort dem fliegerischen Nachwuchs vermit-
telt werden, aber der so ganz auf Kampf und Einsatz ein-
gestellte junge Flieger war in dieser neuen Verwendung
nicht glücklich.

Anfang April 1944 trugen Walters Briefbogen erstmals
die neue Bezeichnung: „Jagdgeschwader 101, Der Kommodore." Er war nun Geschwaderkommodore und berichtete aus seinem neuen Wirkungsbereich, zunächst erwartete ihn dort eine Überraschung:

„Die Reise von Wien nach Leipzig im Schlafwagen war
angenehm und vor allem klug, denn in Halle, wo man
mich pünktlichst abgeholt hatte, stieg ein Fest, das sich
gewaschen hatte. Der Onkel Doktor war zufrieden mit
meinem Gesundheitszustand und so ging es denn nach
dem rauschenden Fest und einem Besuch bei Quax wieder
weiter. Quax hat nun auch nach mehr als drei Monaten
seine Gipsbeine los, humpelt so schlecht und recht und
lernt erst wieder mal gehen. Ich fürchte, daß es noch

einige Wochen dauern wird. Mittags war ich in Straßburg und flog nach Meldung beim General am nächsten Tag gegen Mittag los.

Noch lag stellenweise Schnee in der Gegend, über die wir dahinbrausten, noch waren die Felder öd und leer und kahl, und dürr reckten die Bäume ihre Äste gegen den Himmel. P. saß bei mir und wir zogen gemeinsam unserer neuen Heimat entgegen. Kaum war eine Stunde verronnen, da, man sah förmlich die Natur wachsen, es wurde grün und grüner und das Auge hing wie gebannt an den herrlichen grünen Flächen, die auf einmal die öde und kahle Landschaft abgelöst hatten. Ganz allmählich, wie durch den Zeitraffer gesehen, war der Frühling eingezogen. Da ein einzelner Baum voll von Blüten, da auf einer Anhöhe ein herrliches von Pinien umgebenes Schloß. Herrlich dieser Flug, mein Flug in den Frühling!

Nun konnte es nicht mehr weit sein. Schnell war die Zeit verronnen, während meine Augen die besten und schönsten Blüten auswählten, die ich Euch als Ostergruß im Geist ins Schlafzimmer streue. Doch was war da hinten am Horizont, dort muß doch mein Ziel liegen — eine hohe, dunkle Rauchwolke, die sich nach oben immer mehr ausbreitete, stand am Himmel. Wir flogen direkt darauf zu. Noch 10 Minuten, noch 5 Minuten, so, jetzt waren wir da. Richtig, links unter uns der Flugplatz, nur noch ein rauchender, qualmender Trümmerhaufen. Es stank bis in unsere Kabine nach Feuer und Pulver. Und da sah man auch schon die riesigen Bombentrichter.

Erst mal gelandet und nachgesehen. Von verrußten Männern wurde ich herzlich empfangen. Ich hatte Pech gehabt. Eine halbe Stunde früher und ich hätte den Zauber noch miterlebt. So konnte ich mich halt nur mehr an den Rettungsarbeiten beteiligen. Als alles so weit war, der Schaden besehen, da wars gar nicht so schlimm, wie es erst aussah. Der Flugbetrieb ging sofort weiter und ich hatte, da alles Komfortable, was ja nicht unbedingt sein muß, ausgebombt war, meine gewohnten russischen Verhältnisse, so daß mir die Umstellung nicht allzu schwer wurde. Nun habe ich mich so halbwegs eingearbeitet und finde die Aufgabe als solche herrlich, nur möchte ich halt meine Soldaten hier haben, da würde ich zweimal so viel schaffen. Na, auch das wird sich legen. Das schlimmste ist, daß ich von früh bis abends am Schreibtisch sitze und Papierkrieg mache. Erst mal richtig reinriechen, dann komme ich schon dahinter, wie der Laden am besten zu schmeißen ist. Es wäre gelacht, wenn es nicht auch ein anständiger und prächtiger Haufen werden sollte!

So und nun wünsche ich Euch recht frohe Ostern und mit der Frühlingssonne viel Glück, Gesundheit und ein langes Leben und noch recht viel Freude mit Eurem dankbaren Walter."

*

Vier Wochen später schien sich Walter langsam abgefunden zu haben mit der ungewohnten Tätigkeit: „Ich habe so unwahrscheinlich viel zu tun, daß ich gar nicht merke, wie die Zeit vergeht und das ist gut so, denn diese verronnenen Tage und Wochen gehen ja alle von meiner ‚Verbannungszeit' ab, die hoffentlich irgendwo und irgendwann ihr Ende hat. Mein Hausknecht von einem Schutzengel wird den guten Mars schon becircen, daß er mich bald wieder in die blaue Wiese der Jagdflieger, in den Luftraum über Deutschlands Fronten, holt. Ich denke viel an meine braven Soldaten, die ich verlassen mußte; daß meine Jungs an mich denken, gibt mir die Beruhigung für meine neue Aufgabe...

Nie noch ist mir so richtig klar gewesen, wie gerade in diesem meinem neuen Aufgabenbereich, daß wir alles nur für die Zukunft tun. Was schert uns das Heute, was das Gestern, für das Morgen müssen wir leben und kämpfen! Aus Trümmern und Bombentrichtern wird Deutschland neu erstehen, alle häßlichen Wunden, die das Gestern und Heute unserem Vaterland geschlagen hat, werden wieder vernarben. Ich denke viel, seit ich hier unten und oft mit mir allein bin. Ihr wißt, daß ich kein Phantast bin. Das Nachdenken bringt was ein. Ich bin doch noch so jung und bin froh, daß ich die Anlage und die Gelegenheit habe, an mir zu arbeiten, nicht nur an meinen Schülern . . ."

*

Nur andeutungsweise sprach Walter in seinen Briefen von der Besonderheit seiner neuen Aufgabe; es ging nicht nur um Fliegen im üblichen Sinn, etwas Neues war im Werden, das ihn vollends in seinen Bann zog. Walter glaubte einen Ausweg aus der Katastrophe, die Rettung aus Trümmern und Bombentrichtern vor sich zu sehen.

Nur seinem treuen „Quax", mit dem er zu keiner Zeit die Verbindung abreißen ließ, erzählte er Näheres. Bei einem seiner Besuche im Krankenhaus, in dem Quax noch immer liegen mußte, schilderte er die neue Waffe, auf die er alle Hoffnungen setzte. Das Tagebuch von Karl Schnörrer berichtet darüber:

„Nowy meldete mir regelmäßig, was sich an der Front bei unseren Kameraden zutrug. In Abständen von drei oder vier Wochen besuchte er mich und berichtete dann alles, was man schlecht telefonieren oder zu Papier bringen konnte. Er erzählte, wie trotz der Erfolgsserien einiger erfahrener Jäger der Tod unter den Kameraden, ob jung oder alt, seine Ernte hielt und wie der Ruf nach neuen Flugzeugtypen immer lauter wurde.

Männern wie Graf, Hartmann, Rall, Weißenberger, Kittel, Schall, Ademeit, Lang und noch einigen anderen Meisterschützen gelang es zwar, ihre Abschußziffern von Tag zu Tag zu erhöhen, aber für den Mittelstand der Jäger oder gar für die Neuen war der Kampf gegen die zahlenmäßige Übermacht ein fast aussichtsloses Beginnen.

Da Nowotny sich auf der Fliegerschule nicht richtig wohlfühlte, war ich erstaunt, als er bei einem seiner nächsten Besuche strahlend und voll Temperament mich begrüßte. Eine neue Welt hatte sich vor ihm aufgetan.

‚Quax, schau nur, daß Du bald wieder gesund wirst, sagte er, es tut sich etwas ganz Tolles! Vor einigen Tagen war ich in Lechfeld. Ich habe dort den neuen Turbojäger geflogen. Obwohl es heißt, daß Adolf von diesen Dingern nichts wissen will, habe ich es über einige Hintertüren fertiggebracht, daß ich die erste Turbojagdeinheit Messerschmitt 262 aufstellen darf. Galland hat es auf seine Kappe genommen. Es wird allerdings noch einige Zeit brauchen, bis wir mit diesem Wundervogel einsatzfähig sind, denn auch der beste Jagdflieger muß da ganz von vorn beginnen. Auf diesen Dingern ist es ein ganz anderes Fliegen als bisher. Ich selbst kann mir für den neuen Verband die besten Flieger bei unseren Jagd-, Zerstörer- und Bombengeschwadern aussuchen. Ich will aber versuchen, vor allem meinen alten Haufen 1. JG 54 aus dem Osten zu mir zu bekommen!‘

Nowy reichte mir ein Bild und erklärte mir den neuen, noch geheimen Apparat:

‚Quax, sieh dir mal dieses Flugzeug an. Ist es nicht herrlich gebaut? Das ist die Me 262, von der so viel geredet wird und von der nur ganz wenige wirklich etwas wissen. Es ist das erste Jagdflugzeug der Welt mit Rückstoßturbinen. Auch am Fahrwerk wird dir etwas auffallen. Zum ersten Mal hat ein Jagdflugzeug ein Bugradfahrwerk. Und

nun will ich Dir mal den ganzen technischen Kram erklären. Die Me 262 hat 12,65 Meter Spannweite und ist
10,60 Meter lang. Knapp einen Meter vom Rumpf entfernt hängen auf beiden Seiten unter den Flächen die Turbinen, von denen jede 7000 PS erzeugt. Allerdings gehen
davon 4000 PS für den Eigenbetrieb wieder schleifen.
Aber die PS-Zahl beider Turbinen zusammen beträgt
dann immer noch 6000 und damit wird die Me 262 die
stärkste Jagdmaschine am Himmel sein. Bei einer Flug-
zeit von einer Stunde und einer Geschwindigkeit von
850—900 km/st. verbraucht die Kiste 2500 Liter Kraftstoff. Das braucht aber kein hochwertiges, klopffestes
Benzin wie bei unseren bisherigen Motoren zu sein. Die
Turbinen laufen auch mit jedem minderwertigen Dieselöl.
Das Komische an diesem Vogel sind Start und Landung.
Die Rollstrecke beträgt 1800—2000 Meter und erst bei
einer Geschwindigkeit von 220—250 Stundenkilometern
hebt sich der Kahn vom Boden ab. Die hohe Geschwindigkeit ist wunderbar. Aber leider kann man mit dem Turbo-
jäger keinen solchen Zirkus in der Luft veranstalten wie
mit dem Schraubenflugzeug. Man verliert sonst die Herrschaft darüber und geht zur eigenen Beerdigung. Auch
nach unten wegstürzen können wir nicht mehr, da der
Vogel nicht schneller als 950 Stundenkilometer fliegen
darf. Es kommen also nur weite Kurven und verhältnismäßig flaches Stürzen in Frage. Das schwierigste Problem
ist die Landung. Wegen des hohen Kraftstoffverbrauches
kann man nach längerem Flug nicht mehr durchstarten,
da man nie weiß, ob es noch zu einer Kurve reicht. Die Turbinen entwickeln außerdem bei niedriger Landegeschwin-
digkeit nur geringen statischen Schub, und es ist immer
eine Frage, ob man sie wieder schnell genug auf Touren
bringt. Der Pilotenhebel verlangt noch mehr Zartgefühl
als eine Frau. Bei zu wenig machen die Turbinen nicht

mehr mit. Denn sobald sie unter 6000 Umdrehungen in der Minute kommen, bleiben sie stehen und es ist in der Luft äußerst schwierig, sie wieder in Gang zu setzen. In großer Höhe geht es überhaupt nicht. Bei zuviel und zu plötzlichem Gas beginnen die Turbinenschächte zu brennen. Also, mein Lieber, da heißt es gut aufpassen! Vor der Landung die überschüssige Fahrt wegzukurven ist eine Kunst für sich. Beim Anlassen müssen wir völlig umlernen. Vorn auf der Turbine sitzt der Riedelmotor, das ist ein kleiner Benzinmotor, dem die Aufgabe zukommt, die Ansaugturbinen auf 1800 Umdrehungen in der Minute zu bringen. Dann erst wird in die Hauptbrennkammer der neue Kraftstoff S 2 eingespritzt und gezündet. Man hört zuerst ein leises, immer mehr anschwellendes Rumoren. Langsam wird nun der Gashebel Millimeter um Millimeter vorgeschoben. Wenn man nur ein wenig zu viel Gas gibt, können die Turbinensaugstutzen in Brand geraten.'

Staunend und mit offenem Mund hörte ich Nowys ausführliche technische Erklärungen. Er war noch nicht zu Ende:

,Die Kiste ist ein tolles Ding. Die Eingewöhnung wird auch bei erfahrenen Fliegern längere Zeit dauern. Wegen der hohen Beschußempfindlichkeit der Turbinen heißt es auch später im Kampf noch äußerst vorsichtig sein. Aber mit 800—900 Sachen im Direktflug kann uns keiner mehr auskommen und die Steigfähigkeit der Mühle ist einfach grandios. Die Bewaffnung besteht aus vier Drei-Zentimeter-Kanonen mit je 480 Schuß. Demnächst sollen auch noch die neuen R-4-M-Raketen eingebaut werden. Unter jede Fläche kommen 25 Stück. Die ganze Jägerei steht vor einer grundlegenden Umstellung. Wir werden vier Hauptgruppen haben: Leichte Jäger, Höhenjäger, Objektjäger und Schwere Jäger. Das letztere werden wir sein!' "

*

Soweit Karl Schnörrers Erinnerungen. In der damaligen Lage Deutschlands ließ sich wirklich sagen: Alles steht oder fällt mit diesen neuen Maschinen. Schon das Jahr 1943 hatte nicht nur im Erdkampf sondern auch in der Luft eine strategische Wende gebracht. Für die deutschen Städte und Dörfer verhängnisvoll, fiel am 27. September 1943 der riesengroße italienische Flugplatz Foggia in die Hand der Amerikaner. Obgleich die zurückweichenden deutschen Bombenmannschaften und Pioniereinheiten die Rollfelder gründlich zerstörten, gelang es den amerikanischen Pionieren in nur zwei Wochen, drei Startbahnen für die Viermotorigen wieder herzustellen. Die 15. US-Luftflotte stellte sich zum Angriff auf Süddeutschland bereit. Und griff an.

Nunmehr entstand die alliierte „Pendelfront". Die schweren Bomber flogen von der britischen Insel aus, luden ihre Tod und Verderben bringende Fracht über Deutschland ab und flogen weiter nach dem näheren Süden, um in Foggia zu landen. Und umgekehrt.

Der Teufelsreigen am deutschen Himmel riß nicht mehr ab. Angstvoll spähten Abend für Abend Mütter, die Säuglinge am Arm, gegen den nächtlichen Himmel und warteten auf das erregende Heulen der Luftschutzsirenen. Der britische Luftmarschall Arthur Harris, der Erfinder des Gedankens, die deutschen Städte auszulöschen, feierte seine blutigen Triumphe. Ohnmächtig sah das deutsche Heer, vor allem die deutsche Luftwaffe diesem grauenhaften Zerstörungswerk zu. Der Tod raste quer durchs deutsche Land. Die Apokalyptischen Reiter waren aufgebrochen und hetzten Kinder, Mütter und Greise gleichermaßen.

Allein in den beiden ersten Monaten 1944 donnerten 48 335 Tonnen amerikanischer Bomben auf die deutschen Städte. Bis Ende des Krieges sollten es volle 4 Millionen Tonnen werden . . .

Die Engländer versuchten alles, um hinter dieser Materialflut nicht zurückzustehen. Sie erreichten die tödliche Zahl von 955 044 Tonnen Bomben.

Die deutsche Vergeltung konnte daneben nicht bestehen. Ganze 1700 Tonnen Bomben konnte die Luftwaffe im Januar und Februar 1944 über England abwerfen. Bis zu diesem Augenblick hatten alles in allem 56 000 Tonnen deutscher Bomben die britische Insel erreichen können.

Obgleich die deutschen Flieger sich immer wieder in den Einsatz warfen, vermochten sie mangels ausreichenden Materials den Gang der Entwicklung mit den herkömmlichen Mitteln nicht aufzuhalten. Es konnte nur eine Hoffnung geben: die neuen Maschinen!

Die Frage des Schicksals lautete: wird die Me 262 bald in ausreichender Zahl einsatzbereit sein?

Wir wissen heute — die Würfel fielen gegen uns, aber die Jagdfliegerei der Sieger hat 1945 dort angefangen, wo die deutsche Luftwaffe aufgehört hat: bei der Me 262.

Privates Zwischenspiel:
Besuch beim Unteroffizier Franz Bruckner

Mit dem Bruckner Franzl war der Walter lange Jahre zusammen in die Volksschule gegangen. Dann hatten sich ihre Wege getrennt. Franz wurde Eisenbahner und brachte es zum Fahrdienstleiter im Hauptbahnhof von St. Pölten, bis er zur Wehrmacht einberufen wurde. Dort machte man einen Telefonisten aus ihm und schickte ihn zu einer Nachrichten-Abteilung im Mittelpunkt der Ostfront.

Während Walter seit langem die Spur des Franz verloren hatte, war es umgekehrt anders. Der OKW-Bericht sorgte dafür, daß der auf der militärischen Stufenleiter inzwischen zum Unteroffizier emporgestiegene Schulkamerad Bruckner laufend über das Wirken seines alten Freundes Walter unterrichtet wurde.

Nachrichtenleute zählten schon immer zu den findigsten Fritzen und so hatte Franz eines Tages trotz aller Geheimhaltungsvorschriften herausgekriegt, daß der berühmte Jagdflieger Nowotny zu dieser Zeit ganz in seiner Nähe, auf einem Feldflugplatz bei Polozk lag. Das sofort telefonisch verabredete Treffen bei Franz Bruckner wurde durch die plötzliche Verlegung der Infanterie-Division in einer Dezembernacht 1943 vereitelt. Auf dem Weg über Kroatien landete sie schließlich im Januar 1944 in Südfrankreich. Der Traum vom Wiedersehen zweier Freunde schien für lange Zeit ausgeträumt.

Cucac, ein kleines Städtchen in der Nähe von Narbonne, wurde Franz Bruckners vorläufige Endstation. Doch das

Schicksal geht seine eigenen Wege. Eines Tages hatte der Unteroffizier Bruckner wieder die richtige Witterung. Er brachte heraus, daß Hauptmann Nowotny irgendwo in der Nähe aufgetaucht war und bekam tatsächlich nach langen Bemühungen eine telefonische Verbindung mit Walter in der Jagdfliegerschule Paux.

Diesmal klappte es; wenigstens hatten die höheren Kommandostellen keinen Strich durch die Rechnung gemacht und Walter landete am festgesetzten Tag zur vereinbarten Stunde programmgemäß auf dem 20 Kilometer von Cucac gelegenen Flugplatz. Dort erwartete eine Gruppe von Offizieren den „Brillantenträger", er wurde mit einer Ansprache begrüßt — aber kein Bruckner Franz war zu sehen. Die allgemeine Verlegenheit löste sich nach Walters eindringlichen Fragen in Heiterkeit auf: Franzens Kompaniechef hatte sich auf die Meldung von dem bevorstehenden hohen Besuch den Unteroffizier Bruckner von allen Seiten besehen, und dabei den Eindruck gewonnen, daß eine neue Hose nötig sei, um das Ansehen der Kompanie dem fliegenden Gast gegenüber angemessen zu repräsentieren. Die entsprechenden Befehle wurden erteilt, aber es ergab sich, daß das neue Kunstwerk nicht paßte und die letzten Maßnahmen des Kompanieschneiders erst getroffen wurden, als die Maschine des Kommodore bereits zum Flugplatz niederschwebte.

Die Sache ließ sich regeln und schließlich traf der Franz, nun im strahlenden Glanz des neuen Bekleidungsstückes, doch noch auf dem Flugplatz ein und trat mit den in keiner Heeresdienst-Vorschrift vorgesehenen Worten auf Walter zu: „Unteroffizier Bruckner begrüßt den Hauptmann Nowotny. Als alter Freund sage ich: Servus Walter." Die umstehenden Offiziere erstarrten, aber ihre Mienen lösten sich gleich wieder, als sie Walters ebenfalls höchst unoffizielle Antwort hörten: „Servus Hugerl". „Hugerl"

— das war vor zehn Jahren in Schwarzenau der Spitzname für Franz Bruckner gewesen. Und dann schüttelten sich erstmals nach langer Zeit zwei alte Freunde herzlich die Hände.

Bruckner war ein großer „Organisator". Er hat damals die ganze Einheit, die für diesen Tag dienstfrei bekommen hatte, mobilisiert und das Soldatenheim von Cucac an diesem Frühlingstag des Jahres 1944 in einen einzigen blühenden Garten verwandelt. Als besondere Überraschung für den Gast aber hatte ein Landser aus Innsbruck auf die Stirnwand des Saales den Wiener Stefansdom und dahinter den Kahlen- und Leopoldsberg gemalt.

Walter mußte natürlich sprechen und nach dem Bericht des Franz Bruckner hat er fast zwei Stunden lang von seinen Kampferlebnissen so spannend erzählt, daß man in dem Saal, in dem die Landser fast Kopf an Kopf standen, die berühmte Stecknadel fallen hören konnte, so still war es.

Es gibt über diese Stunden aus der Feder eines Kriegsberichters sogar eine „offizielle" Darstellung:

„Das Bleibende des Nachmittags war die Schilderung, die der Brillantenträger von seinem ersten Flug mit Feindberührung gab, war ganz besonders das, was er darüber hinaus noch sagte, und zwar aus der Stunde heraus, die ihm aus den Herzen der jungen Soldaten des Landheeres dankbare Bewunderung zutrug und ihm selbst wiederum zeigte, daß er hier als ein Schenkender stand.

,Wenn ihr jemand seht, der da viel am Hals hängen hat', so sagte Hauptmann Nowotny, ,so denkt nur nicht, daß allein die Gnade einer besonderen Begabung dazu geführt hat. Es ist nicht so. Vielmehr kommt immer alles auf die innere Einstellung, die soldatische Haltung, das kämpferische Wesen, den Mut und die persönliche Einsatzfreudigkeit an. Letzten Endes muß man sich jeden Erfolg erarbeiten und erobern!'"

Ebenfalls imponiert hat den Soldaten, daß es dann anschließend noch recht gemütlich zuging. Zu vorgerückter Stunde war da ein richtiges Schrammelquartett aufgetaucht und spielte nach Walters Angaben unermüdlich Wiener Lieder. Im Nu war die für den Österreicher in aller Welt so typische Wiener Atmosphäre da und das Stimmungsbarometer stieg zusehends. Walter saß bald an diesem, bald an jenem Tisch im Kreise der vergnügten Nachrichtenmänner und so manche Grußpostkarte in die Heimat trug damals seine Unterschrift. Nur zu schnell rückte die Abschiedsstunde heran. „Kinder, das habt Ihr fein gemacht" rief Walter zum Schluß in den Saal, dann dankte er besonders dem Bruckner Franzl . . . Schließlich drehte er noch einige Ehrenrunden über dem Platz, und dann verschwand die Maschine langsam in der Dämmerung.

Die neue Aufgabe — zu spät

Der gemütliche Besuch im Soldatenheim von Cucac war Anfang Mai 1944 gewesen — ein Monat später schon begann die Normandie-Invasion, die die letzte Phase des Zweiten Weltkrieges einleitete.

Nach Hause schrieb Walter jetzt immer seltener, die Invasion war schon mehrere Tage in Gang, als in Wien ein bitterer Brief eintraf:

„. . . Daß die Invasion begonnen hat, hat sich wohl schon bis Wien rumgesprochen, daß alles ‚endlich‘ sagt und erfreut ist, endlich dreinhauen zu können, ist klar; daß ich hier untätig rumsitzen muß, ist eine ausgesprochene Kahlheit. Das Gefühl, daß man mich nicht mehr gebrauchen kann oder braucht, wird unwillkürlich wach und das ist scheußlich, kann ich Euch sagen. Scheußlicher als 40/41, als ich fürchtete, nicht mehr dranzukommen. Dazu kommt immer mehr die Überzeugung, daß ich falsch am Platz bin. Ich habe nicht stur von vornherein abgelehnt, sondern habe mich zunächst mal in die Sache hineingekniet. Heute weiß ich, ich bin mit meinen Erfahrungen hier nicht ausgelastet und könnte weiß Gott mehr leisten. Ich hoffe, daß ich bald eine andere Verwendung finde . . .“

Die „andere Verwendung“, wie Walter in seinem Brief den Einsatz der Me 262 vorsichtig umschrieb, hatte sich immer wieder verzögert. Schließlich verlegte die Jagdfliegerschule I von Südfrankreich in die Gegend von München und Walter war immer noch ihr Kommandeur.

Erst der September 1944 brachte den lange erwarteten neuen Auftrag; Walter wurde nun zur Erprobung des

Düsen- und Turbo-Jägers, eben der Me 262, die er dem „Quax" schon Monate vorher so begeistert beschrieben hatte, zur „Erprobungsstelle der Luftwaffe" nach Rechlin versetzt; hier sollte er mitwirken, diese neue Maschine „frontreif" zu machen.

Einen Brief an die Eltern beginnt er am 12. August — da berichtet er zunächst, daß er wieder in Deutschland ist, aber noch bei der Fliegerschule —, beendet wurde der Brief freilich erst im September, inzwischen kam endlich das neue Kommando.

> „Ihr braucht Euch nicht zu ängstigen um Euren Jüngsten. Ja, wenn ich wieder fliegen könnte und schießen — aber selbst dann bräuchtet Ihr nicht besorgt zu sein. Ihr wißt doch, Unkraut verdirbt nicht! Kaum zweimal war ich in diesen Tagen zu Hause, das heißt bei meinem Haufen, dauernd unterwegs — ich habe eine neue Beschäftigung. — Wir schreiben heute den 3. 9. 1944; Ihr seht, dieser Brief wird einfach nicht fertig, so wenig Zeit habe ich jetzt. Das 6. Kriegsjahr hat begonnen. Wollen wir es als gutes Omen deuten, daß ich jetzt, da der Krieg in die dritte und letzte Phase übergeht, eine neue Beschäftigung habe, die nicht ganz unbedeutenden Einfluß auf die Entscheidung haben wird. Wenn ich wenig schreibe, habe ich viel zu tun. Wenn ich viel zu tun habe, dann geht es mir gut und das ist es, was ich Euch sagen wollte . . ."

In Rechlin blieb Walter nur knapp zwei Wochen — dann hatte er einen eigenen Auftrag, die Me 262 im Raume um Osnabrück probeweise gegen die nun täglich einfliegenden feindlichen Bomberströme zum Einsatz zu bringen.

Mit Wirkung vom 1. September wurde Walter zum Major befördert — wahrscheinlich ist er mit seinen noch nicht 24 Jahren der jüngste Major der deutschen Wehrmacht gewesen und ab 25. September wurde er Chef eines geheimnisumwitterten „Kommando Nowotny".

*

Anfang Oktober war es dann auch mit „Quax" wieder so weit und die beiden Kampfgefährten waren nun erneut vereint.

Walter erwartete den Freund schon am Bahnhof und berichtete erfreut, daß das „Kommando" auf den beiden Plätzen Achmer und Hesepe beinahe vollzählig versammelt sei.

Trotzdem war es kein fröhliches Wiedersehen.

Das Rad der Zeit rollte bereits über uns alle hinweg. Von der Ostsee bis tief hinein nach Serbien drangen die sowjetischen Angriffskeile vor. Rumäniens, Bulgariens Regierungen waren abgefallen und selbst Finnland unter dem Druck der Ereignisse aus dem Krieg ausgeschieden. Von allen Teilen der Front fluteten Massen deutscher Verbände Richtung Heimat. Droben in Finnland hatte der deutsche Rückzug begonnen, genauso wie drunten in Griechenland. Bereits waren Belgrad und Budapest bedroht. Längst waren die alten Stellungen am Wolchow in die Hand des Siegers gefallen, dessen vorderste Verbände bereits Ostpreußen bedrohten. Der kühne Führer der deutschen Schlachtflieger Hans Ulrich Rudel — später Träger der höchsten deutschen Tapferkeitsauszeichnung — räumte mit seinen Kameraden in unermüdlichen Tiefangriffen gewaltig unter den heranrollenden sowjetischen Panzern auf*, aber immer neue Material- und Truppenmassen wurden vom Gegner in die Schlacht geworfen.

Im Westen näherten sich die Amerikaner mit Riesenschritten dem Rhein. Noch einmal trat deutsches Soldatentum im Inferno des Untergangs in Arnhem, nicht allzu weit von Osnabrück, dem vordringenden Feind siegreich entgegen. Aber es konnte nur eine Atempause erkämpft werden. Die Überlegenheit des Materials und der

---

* Vergl. dazu Hans Ulrich Rudel: Von den Stukas zu den Anden. Ein Druffel-Jugendbuch. Druffel-Verlag, Leoni am Starnberger See 1956.

Menschenmassen der Alliierten in Ost und West wurde erdrückend.

In der Luft war längst der „Langstrecker" erschienen. Er konnte bis in Gebiete vorstoßen, die bisher verschont geblieben waren. Bislang hatte der alliierte Jagdschutz nur etwa bis in den Raum Köln gereicht. Dann mußten die feindlichen Jäger umkehren. Die alliierten Bomber flogen allein weiter und mußten sich der deutschen Angriffe erwehren, so gut sie es vermochten.

Erst am Rückflug wurden sie, wenn man sich nicht verfehlte, wieder von ihren Jagdmaschinen erwartet und geleitet. Die deutschen Jäger hatten so, obwohl sie in der Minderzahl waren, den Angreifern manchen starken Verlust zufügen können und sie gezwungen, ihre Angriffe wenigstens räumlich zu begrenzen.

. Erst die feindlichen Langstrecker konnten dem Vernichtungskrieg die richtige Wirkung verleihen. Jetzt flogen die Bomber vollkommen sicher, am Tage und in der Nacht, im deutschen Luftraum. Die P 47 Thunderbolt flogen bereits 500 Kilometer. Die Mustangs erreichten schon eine Reichweite von 800 Kilometern. Jetzt war es so weit. Jetzt konnten Tod und Verderben tief nach Deutschland hinein.

Nur die neuen deutschen Maschinen konnten noch Rettung bringen. Dies erkannte man nun überall. Aber der Krieg war schneller. 1944 vermochte man nur 564 Me 262 herzustellen. Später bis Kriegsende 1945 erreichte die Produktion insgesamt 730 Stück dieser Maschinen . . .

Auf der Feindseite war trotzdem frühzeitig die Gefahr erkannt und ernst eingeschätzt worden. Schon am 1. September 1944 hatte General Spaatz, der Chef der US-Bomberflotten resigniert berichtet: „General Eisenhower und ich sind uns darüber klar, daß die tödlichen deutschen Düsenjäger die alliierten Verluste bei ihren Bombenangriffen in unmittelbarer Zukunft untragbar machen können..."

Und das, nachdem die Tage der Invasion deutlich zeigten, wie verheerend verschieden das Kräfteverhältnis der sich bekämpfenden Gegner in der Luft geworden war. Der Luftflotte des deutschen Generalfeldmarschalls Sperrle standen bei Invasionsbeginn in Frankreich 481 Maschinen zur Verfügung, von denen 300 einsatzbereit waren, darunter 100 Jäger. Bei den Alliierten aber warteten nicht weniger als 12837 Maschinen auf den Einsatz der Invasion. Davon waren 5600 Jäger...

Die deutsche Heimatproduktion übertraf sich in jenen entscheidenden Monaten. Die Rüstungsarbeiter arbeiteten, während die Fabriken und die Wohnviertel unter dem Hagel der alliierten Bombenteppiche lagen, verbissen und mit nicht zu überbietenden Leistungen und Ausdauer. Darum geschah auch das technische Wunder, daß gerade im Herbst 1944 die deutsche Jagdwaffe die bisher höchste Zahl an neuen Maschinen aus den Flugzeugwerken geliefert bekam: 3013 Jäger. Aber es waren Maschinen alten Typs, nicht die neuen, überlegenen Me 262.

Mitten in der zum Zerreißen gespannten Lage, fiel am 20. Juli 1944 der Generalstabschef der Luftwaffe, General Korten, dem gegen Hitler gerichteten Sprengstoffattentat zum Opfer.

Es fehlten schließlich nicht nur die neuen Maschinen in ausreichender Zahl; es fehlten die erforderlichen Startbahnen, es fehlte an Benzin — wenigstens dort, wo es gebraucht wurde. Es fehlte vor allem an genügend geschultem Flugpersonal, das in der Lage war, mit der schwierigen Me 262 umzugehen und diese hochwertige Maschine im Luftkampf zu meistern.

Das Beunruhigendste aber war vor allem, daß die neuen Maschinen nur sehr langsam „frontreif" wurden — das war die große Sorge, die Walter damals bewegte. Geradezu verbittert sprach er gleich beim ersten Wiedersehen mit „Quax" über die zahlreichen technischen Mängel, die immer wieder an der neuen Me 262 auftraten und teilweise schwerste Opfer an Männern und Material forderten. Noch nie war er einer solchen Nervenbelastung ausgesetzt gewesen. Konnte er die Eignung der Me 262 unter Beweis stellen, dann würde die deutsche Jagdwaffe diese dem Feind weit überlegene Maschine groß einsetzen können, die auf Grund ihrer sagenhaften Geschwindigkeit mit all den Mustangs, Spitfires und Thunderbolts spielend fertig werden konnte. Dann würde die deutsche Luftwaffe wieder das, was sie einst war: dem Feind überlegen!

Aber bis dahin war noch ein weiter Weg. Die Technik forderte mehr Opfer als der kriegerische Einsatz. Trotzdem hielt Walter durch. Er wußte worum es ging: schlechthin um das Letzte!

*

Die Aufgabe des „Kommando Nowotny", die Umschulung alter Flugzeugführer von der FW 190 auf die Me 262 erwies sich als weit schwieriger als man ursprünglich angenommen hatte. Dazu gehörte vor allem Zeit, Zeit und wieder Zeit, um mit den technischen Problemen des neuen Typs richtig fertig zu werden. Und gerade Zeit ging schon viel zu viel in der Entwicklung verloren.

Walter übte nun mit den neu angekommenen Besatzungen unermüdlich Starts und Landungen und nur zu bald erfolgten die ersten scharfen Einsätze. Die eigenen Verluste durch Feindeinwirkung waren weiterhin viel geringer als Ausfälle wegen fliegerischer Mängel, falscher Bedienungsgriffe und vor allem des Zu-Schnell-Werdens.

Indes hatte man an höchster Stelle neben den fliegerischen Qualitäten auch Walters Organisationstalent erkannt und dem so jungen Major schien eine einzigartige Laufbahn offen. Anerkannte Fachexperten, sowohl bei uns wie im Ausland sahen in Walter trotz, oder vielleicht sogar wegen seiner Jugend einen der kommenden Männer in der deutschen Luftwaffe.

Einmal ist es ihm dann doch gelungen, trotz Feindflugverbotes wieder einmal zu scharfem Einsatz einen Steuerknüppel zwischen die Beine zu bekommen. Darüber berichtete er in einem Brief an die jetzt mehr denn je besorgten Eltern am 21. Oktober 1944:

„Ich mache mir schön langsam Sorgen um Euch. Habt Ihr alles gut überstanden? Schreibt mir doch nach jedem Angriff eine Karte. Mir gehts gut, um mich braucht Ihr Euch keine Sorgen zu machen. Ich habe mir mal versuchsweise so einen viermotorigen Terrorbomber in der Luft angesehen und ihm das Bombenwerfen für immer abgewöhnt. Damit wir auch etwas davon haben, habe ich ihn über meinen Platz getrieben und ihn da mit einem kurzen Feuerstoß erledigt. Ihr seht also, trotzdem nahezu ein Jahr vorbei ist seit meinem letzten Abschuß, schieße ich immer noch wie eine Eins. Das war nur ein stiller Versuch. Hoffentlich bekomme ich bald wieder die Genehmigung, dann gehts wieder rund . . .“

Es sollte nicht mehr „rund gehen“. Nur einmal noch startete er, nur einmal noch siegte er . . .

Letzter Start — letzter Sieg

November 1944. Noch einmal hatten sich die Fronten um Deutschland gefestigt, aber es war klar, daß das Kampfgeschehen in die letzte Runde eingetreten war.

Tag für Tag flogen die Bomberströme ins Reichsgebiet ein, warfen ihre todbringenden Lasten fast ungehindert in die deutschen Städte.

Die Me 262, die die Rettung hätte bringen können, war immer noch zu unentwickelt, alles Mühen, alles Wagen half nichts: Es mußte noch geübt, es mußte gebessert, es mußten Voraussetzungen geschaffen werden.

Auch „oben" war man nervös geworden. Allzu deutlich war hervorgetreten, daß in die berühmte deutsche „Kriegsmaschine" Sand geraten war, Mißtrauen regierte; wer hielt zu wem? Die Wolke der kommenden Katastrophe überschattete die Gemüter — und bald auch die Gehirne.

Da erschien eines Abends ein Generaloberst aus dem Oberkommando auf dem Flugplatz Achmer, um sich den Betrieb im Einsatz anzusehen und mit dem Kommandeur Nowotny Erfahrungen zu besprechen.

Gereizt, wie die Stimmung damals war, geriet er mit Walter bald in eine erregte Auseinandersetzung. Der hohe Besuch verstieg sich schließlich zu der Behauptung, die älteren deutschen Jagdflieger seien „feige" geworden und nichts sei nötiger als eine Blutauffrischung. Der General machte den Vorschlag, junge Piloten in die geplanten Volksjäger zu setzen. Die vielen schneidigen Jungen, die vom Segelflug direkt auf den Turbo-Jäger umgeschult wurden, sollten unter allen Umständen bei jedem Feindflug einen Abschuß erzielen. Aber auch die erfahrenen Flieger auf der schweren Me 262 sollten in dem nun hereinbrechenden letzten Entscheidungskampf bis aufs Äußerste kämpfen.

„Quax", der damals seine Ausbildung in der Me 262 gerade hinter sich hatte und Zeuge des Gesprächs war, berichtet darüber:

„Nowotny geriet über die Ausführungen des Generals in Wut, hatte der andere doch seine Jäger, von denen jeder bis zum äußersten gekämpft hatte, geradezu als Feiglinge bezeichnet. Nowy erklärte scharf, daß das alles Wahnsinn sei. Man solle lieber alten erfahrenen Fliegern 1500—2000 Turbojäger zur Verfügung stellen und ihnen 6 bis 8 Wochen Zeit geben, um sich richtig darauf einzufliegen. ‚Nichts gegen den Nachwuchs' meinte Nowy, ‚der ist wirklich ausgezeichnet und bringt großen Mut und die richtige innere Einstellung zur Fliegerei mit. Aber die Kurzausbildung wird immer wieder ihre Nachteile zeigen. Früher dauerte die Flugausbildung fast zwei Jahre und heute werden diese jungen Burschen schon nach einem halben Jahr auf Jagd geschickt. Früher kamen zwei bis drei Junge unter die Fittiche von zwölf bis vierzehn erfahrenen Piloten, die auf sie achteten wie auf ein rohes Ei. Heute ist es so, daß die Jungen kaum mit dem Flugzeug umgehen können und schon allein gegen den Feind losgeschickt werden. In einer Staffel sind heute zehn junge Piloten und höchstens noch zwei bis drei kampferprobte Männer. Dazu kommt noch, daß die Übermacht groß ist wie nie zuvor. Einer deutschen Staffel stehen oft 100 bis 500 Feindflugzeuge gegenüber. Sie sehen doch ein, daß das Programm, das Sie von oben her mitbrachten, für den Nachwuchs ein ausgesprochenes Leichenbegängnis wäre!'

Schließlich stimmten der Generaloberst und der mit ihm zu Besuch erschienene Generalleutnant Galland diesem

Vorschlag zu. Da sie selbst einmal Piloten waren, wußten sie genau, wie es in den Fliegerherzen hämmerte und daß es in der deutschen Luftwaffe niemals ein feiges Drücken gegeben hat.

Nowotny verlangte nun noch Auskunft darüber, wie es käme, daß trotz der schweren Verluste unter den Flugzeugführern alte erfahrene Piloten durch merkwürdige Befehle zum Erdeinsatz gekommen sind, um, wie es in der Landsersprache ausgedrückt wird, dort ‚verheizt‘ zu werden.‘‘

Soweit Karl Schnörrers Bericht über die erregte Auseinandersetzung. Das war des alten Nowotny Sohn, dem einst in jungen Jahren der Vater in sein erstes Tagebuch die Worte schrieb: ‚‚Tue niemals Unrecht, aber stehe zu Deinem Recht, was immer auch kommen möge!‘‘

*

Am Abend des 7. November 1944 hatte dieses Gespräch stattgefunden.

Zum Bericht über das, was dann am nächsten Tag, am Morgen des 8. November 1944 auf dem Flugplatz Achmer geschah, überlasse ich wieder das Wort dem damaligen Adjutanten meines Bruders, Leutnant Karl Schnörrer:

‚‚Auf dem Gefechtsstand wurden die Einsätze besprochen. Galland, der mit General K. noch immer anwesend war, sagte zu Nowotny: ‚Ich brauche Sie heute am Gefechtsstand zur Leitung der Einsätze. Sie können heute nicht fliegen.‘

Wenige Minuten später wurden mehrere große Einflüge gemeldet. Unsere erste Rotte hing bereits in der Luft. Durch Sprechfunk verfolgten wir die sich anbahnenden Kämpfe. Die zweite Rotte unter dem erfolgreichen Leutnant Schall wurde den feindlichen Pulks entgegengeschickt.

Schon wenige Minuten später kam Nachrichtenleutnant Pr. aus seiner Kabine herausgestürzt:

‚Das Funkzeichen von Schall hat aufgehört, ein anderer ist notgelandet. Schall muß in der Nähe von Bramsche abgestürzt sein.'

Da schwoll Nowotny eine Ader auf der Stirn. Er hielt es nicht mehr länger aus, untätig zuzusehen oder zuzuhören, wie ein Kamerad nach dem anderen ausfiel.

Er rannte hinaus, sprang in seinen Wagen und rief: ‚Herr General, so schwer es mir wird, ich fliege und zeige Ihnen, daß man auch noch Erfolge erzielen kann.'

Alle Rufe: ‚Nowotny, kommen Sie doch zurück!' waren vergebens. Mit seinem Auto fegte Nowy über den Platz. Gleich darauf jagte er in seiner Me 262 mit dem alten Traditionszeichen des 54. Geschwaders, dem grünen Herz und der weißen Acht, in den Himmel.

Durch die aufgerissene Wolkendecke sahen wir ganz in der Nähe des Platzes einen Pulk viermotoriger Bomber.

Schon donnerten feindliche Jäger im Tiefangriff über den Platz.

Nowotny steuerte auf die Bomber zu. Wie ein Blitz kam er an die Viermotorigen heran und eröffnete auf einen schweren Vogel das Feuer. Größere Teile lösten sich, schon explodierte der Amerikaner.

Aber keiner von uns sollte sich über diesen Sieg freuen.

‚Ach du Scheiße, Scheiße, Scheiße, meine Turbinen, meine Turbinen — ach Gott, ach Gott' schrie Nowotny durch das Sprechfunkgerät. Es war ein verzweifeltes Toben.

Alle Augen blickten zum Himmel, wo seine Me 262 immer steiler und steiler herunterstürzte. Mehrere Mustangs jagten von allen Seiten hinter dem todwunden Flugzeug her ... Eine weiße Fahne zeigte sich am Kabinendach ...

‚Gott sei Dank', atmeten wir auf, ‚er kann noch abspringen ...' Aber die Fahne des Fallschirmes löste sich nicht mehr vom Flugzeug Immer rasender wurde der Sturz.

Jeder von uns wußte jetzt; aus dieser Lage gibt es keine Rettung mehr.

Senkrecht bohrte sich das Fugzeug in die Erde. Während wir die Fontäne des Aufschlagbrandes emporschießen sahen, heulte wie ein schrilles Pfeifsignal der Schall des bereits abgestürzten Flugzeuges noch einmal über unseren Gefechtshügel.

Trotz des Lärms der zahlreichen Viermotorigen schien die Welt nach diesem letzten Aufheulen, das mir wie ein Abschiedsgruß in Erinnerung blieb, plötzlich still wie ein Friedhof.

Ich war wie taub und in unsäglichem Schmerz ließen mich alle meine Sinne im Stich. Nach einigen Sekunden starrer Verzweiflung wandte ich mich zur Seite.

Galland und der General kamen auf mich zu. Sie wußten, daß Nowy und ich in tausend Kämpfen ein Herz und eine Seele geworden waren.

Als sie mir ihr Beileid ausdrückten, saßen auch in ihren Augenwinkeln Tränen. Deutschland hatte seinen erfolgreichsten Flieger verloren, ich aber meinen besten Kameraden und Freund.

Im Lauffeuer verbreitete sich die Nachricht von Nowotnys Tod. Hauptmann W. und ich fuhren mit dem Auto des Gefallenen, in dem noch seine Mütze lag, zur Absturzstelle. Gedecke, sein Fahrer, saß weinend am Steuer.

Wir waren bald am Ziel. Gedecke setzte zum letzten Mal die Standarte des Kommandeurs neben den Kühler.

Dann half er die sterblichen Überreste Nowotnys zu bergen. Die Mütze, die Nowotny auf allen Kampfplätzen bei sich hatte, legte er dem Toten auf die Brust.

Im Schritt fuhren wir zurück."

*

Heldentum und Tragik sind nicht nur in unserer Zeit schicksalverbunden. Denken wir an des Priamos' Klage um Hektor, wie der Dichter Homer sie vor drei Jahrtausenden besang:

> Der die Stadt und uns alle beschirmte,
> Diesen erschlugst Du jüngst,
> Da er kämpfte den Kampf für die Heimat...
>
> (Ilias XXIV. Gesang)

Heimkehr nach Wien

Nur zweimal habe ich Tränen in den Augen der Soldaten meiner Kompanie gesehen: Am Tage der Kapitulation 1945 und sechs Monate zuvor, als ich sie kurz antreten ließ, um den Tod meines Bruders mitzuteilen.

*

Durch Funkspruch war ich zur Teilnahme an der Trauerfeier befohlen worden. Hitlers „Condor"-Maschine sollte mich vom Flugplatz Fünfkirchen in Ungarn nach Berlin bringen, wo der Staatsakt geplant war.

In einer wahren Odyssee gelangte ich durch den Einschließungsring der Partisanen Titos; weiter im Wagen des Generals Felmy, nach einem noch glimpflich abgelaufenen Unfall zum Flugplatz nach Fünfkirchen in Ungarn.

Die „Condor" konnte wegen Bodennebel nicht landen und kehrte nach Budapest zurück. Erst dem Fieseler Storch der Luftflotte V gelang es, in den Sturmböen überhaupt zu starten. Bei der Zwischenlandung in Wien-Aspern — das Flugfeld hatte kurz vorher ordentlichen Bombensegen bekommen — erfuhr ich dann, daß inzwischen der Staatsakt nach Wien verlegt worden war.

In der Schönererstraße fand ich den greisen Vater in bewundernswerter Haltung, die gute Mutter aber völlig gebrochen. Nach Hubert, ihrem zweitältesten Sohn, der als Oberleutnant und Batterieführer seit Stalingrad vermißt war, hatte ihnen das grausame Schicksal nun den Jüngsten genommen.

Es hat nur indirekt mit Walter zu tun, und doch gehört es hierher: In diesen traurigen Tagen erschien ein Oberst des Wehrkreiskommandos in der elterlichen Wohnung und eröffnete mir im Beisein des Vaters, daß er, obwohl die Verordnung über die Befreiung der letzten Söhne vom Frontdienst längst außer Kraft sei, meine Verwendung im Heimatheer veranlassen könne, wenn dies Vaters und mein Wunsch sei. Nie werde ich vergessen wie damals mein Vater seinen Blick erhob und mich unverwandt ansah. Ich sagte dem Oberst höflich — denn sein Vorschlag war als Freundschaftsdienst gedacht —, mein einziger Wunsch sei, zu den Kameraden meiner Kompanie zurückzukehren. Wie hätte ich vor dem toten Bruder bestehen können, wenn ich anders geantwortet hätte? Als der Oberst das Zimmer verlassen hatte, stand Vater langsam auf und drückte mir wortlos die Hand.

*

Als Vertreter der Familie wohnte ich dem Empfang der sterblichen Überreste meines Bruders am Wiener Ostbahnhof bei und geleitete den Sarg zur Wiener Hofburg. Dort fand dann am 15. November 1944 im großen Zeremoniensaal der feierliche Staatsakt statt.

An der Stirnseite des Saales stand der Sarg, bedeckt mit der Reichskriegsflagge. Auf ihm lagen Offiziersdegen und Fliegermütze des Bruders, daneben eine kleine rote Rose, letzter Gruß von unbekannter Hand.

Kameraden seines Geschwaders mit hohen Auszeichnungen hielten die Ehrenwache. Dieses Bild wurde überragt von einem mächtigen Eisernen Kreuz, dem Sinnbild deutscher Tapferkeit.

Nachdem als erster der allzeit getreue „Quax" als Ordenskissenträger dem Toten die letzte Ehre erwies, trat später der Brillantenträger Oberst Gollob an seine Stelle.

Auf schwarzem Samt leuchteten die Auszeichnungen, wie sie nur die Tapfersten erringen, das Spiegelbild eines jungen Heldenlebens, wie es Walter gelebt und erfüllt hatte. Einen Monat später wäre er 24 Jahre alt geworden.

Ich vermag die Gefühle nicht wiederzugeben, die in mir tobten, als die Klänge des Trauermarsches aus „Götterdämmerung" und später Beethovens „Eroica" aufrauschten.

Ich habe immer nur den Sarg gesehen . . .

„Bestehen und die Treue halten"

Von der Trauerfeier in der Hofburg wurde Walters
Sarg auf motorisierter Lafette über den Heldenplatz durch
die großen Tore des Wiener Ehrenmals für die Gefallenen
über die Ringstraße zum Zentralfriedhof gebracht. Dort
haben wir ihn bei der Lueger-Kapelle in einem Ehrengrab
der Stadt Wien beigesetzt. In Walters Nähe ruhen dort
große Dichter, Wissenschaftler und Staatsmänner: Schön-
herr, Wildgans, Wagner-Jauregg, Dr. Seipel. Jeder ein-
zelne groß auf seine Art; im Leben waren sie vielleicht er-
bitterte Gegner, im Tode sind sie friedlich vereint. Nun
kam in diesen stillen Kreis ein ganz Junger — und doch
gewiß auch er „groß auf seine Art".

*

Man möchte meinen, daß die Geschichte von Walter
Nowotny — seinem kurzen Leben, seinem kühnen Auf-
stieg, seinem tragischen Tod — nun zu Ende sei.
Sie ist es nicht.

Wenige Monate nach der Trauerstunde war das Schicksal des allzu stolz, vielleicht allzu herausfordernd gedach-
ten „Großdeutschen Reiches" besiegelt. Die deutschen
Lande wurden in Ost und West von wütenden Siegern
überflutet, die niedertraten, was sich in den Weg stellte und
auszulöschen entschlossen waren, was je an deutsche
Größe oder gar an deutsches Soldatentum erinnerte. Auf den
Wiener Ehrengräbern ließen die Russen Kühe weiden.

Trotzdem hatten sie Walter nicht vergessen: ich war mit meiner Kompanie bei Kriegsende in sowjetische Gefangenschaft geraten, und auf meinem jahrelangen bitteren Weg durch die russischen Lager bin ich immer und immer wieder vernommen worden; meine eigene militärische Laufbahn interessierte die NKWD-Beamten herzlich wenig, sie forschten mich nur stets aufs Neue über Walter aus, der so lange der Schrecken der russischen Flieger gewesen war. Sie wußten natürlich das Ende und sie kannten das Grab, waren sie doch damals die Herren Wiens, aber sie wollten das alles nicht wahrhaben: immer wieder forderten sie von mir Angaben über Walters „jetzigen Aufenthaltsort". Sie wollten unbedingt eine „Untergrund"-Figur aus ihm machen!

Im Kameradenkreis haben wir uns hinter dem Stacheldraht oft gefragt, was wohl aus den in die Hände des Russen gefallenen „Assen" der Fliegerei und Trägern höchster Tapferkeitsauszeichnungen geworden sein mochte. Über allem stand damals ein großes Fragezeichen. Wir waren ein Sandkorn im Meer der russischen Weite und konnten nur ahnen, was wir heute wissen.

Hatte ich erschüttert am Sarge Walters gestanden, so war ich jetzt froh: all der Haß und Geifer erreichten ihn nicht mehr. Er starb für die Ideale, für die er gekämpft hatte und brauchte nicht mehr zu erleben, wie sie in Bausch und Bogen in den Schmutz gezerrt wurden. Ihm blieb erspart, was uns alle gebeugt, manche zerbrochen hat. So jung er war — er starb auf der Höhe seines Lebens.

*

Als ich nach Jahren endlich aus der Gefangenschaft zurückkehrte und wieder Heimatboden betrat -- nicht nur die Mutter, auch unser Vater erlebte es noch, und darüber war ich am meisten froh — führte mich einer meiner ersten Wege natürlich zu Walters Grab.

Nach der Beisetzung war nicht mehr Zeit gewesen, für einen Grabstein zu sorgen, und so fand ich nur ein verwahrlostes Rasenstück vor. In der unmittelbaren Nähe hatte eine Bombe ein Loch gerissen und die Spuren der Verwüstung waren auch noch auf dem Dach der Lueger-Kapelle zu sehen. Die Stadt Wien, damals noch von vier fremden Mächten besetzt und kontrolliert, hatte keine Zeit und kein Interesse gehabt, sich um ihre berühmten Toten zu kümmern — und gar um einen Fliegerhelden?!

Es waren seltsame Zeiten, über die man am besten den Schleier des Vergessens breitet. Und es dauerte lang, bis man wieder begann, sich der Mahnung des ostpreußischen Sozialisten August Winnig zu erinnern: „Ein Staat ist immer so viel wert, wie Männer bereit sind, für ihn zu sterben."

Heute klingt es bereits unglaubhaft, und doch ist es so: Erst nach mühevollem, zähem Ringen mit furchtsamen Behörden gelang es, die Genehmigung wenigstens zur Kennzeichnung der Grabstätte meines Bruders zu erhalten. Schließlich wurde sie doch erteilt. Sechs Jahre nach der Beerdigung Walters konnte man endlich auf einer kleinen schlichten Grabtafel lesen, wer dort unter dem Rasen liegt. Bis dahin war es geradezu symbolhaft: ein unbekannter Soldat . . .

*

Zwei Tage bevor Walter zu seinem letzten Flug aufgestiegen war, hatte er den Eltern noch einen Brief geschrieben, in dem er aussprach, was Millionen anständiger junger Deutscher in jenen schweren, besser gesagt: verzweifelten, Tagen dachten: „Ein Hundsfott, der jetzt die Flinte ins

Korn werfen will! Es gibt nur noch eines: Bestehen und die Treue halten, mag kommen, was da will!"

Oft habe ich an diese letzten Worte Walters denken müssen; in einer veränderten Welt erscheinen sie in neuem Licht — "die Treue halten", das gilt heute für das Andenken und das Beispiel jener Jugend, die in den zwei Weltkriegen unseres Jahrhunderts, an allen Fronten und auf jeder Seite, nicht zuletzt durch tapferes Sterben gezeigt hat, daß wir leben, für die Gegenwart leben, und für die Zukunft.

Jährlich um die Allerseelenzeit, wenn österreichischem Brauch gemäß Lichter auf den Gräbern der Toten entzündet werden, leuchtet es jetzt hell auch auf Walters Grab. Es sind viele unbekannte Hände, die dort Kerzen aufstellen und Blumen niederlegen. Die Wiener haben ihren Walter Nowotny nicht vergessen.

Einmal gab es sogar polizeiliche Untersuchungen: einige vierzehn- und fünfzehnjährige Jungen hatten am Grabe Ehrenwachen gestellt.

Gewiß haben sie es nicht getan, um gegen den Staat zu demonstrieren, da hätten sie Walter sehr falsch verstanden. Sie taten es, um sich zu Idealen zu bekennen, die so lange lebendig bleiben werden, als es Völker gibt.

Ich bin sicher: Walter grüßt sie wieder, diese Jungen von heute und morgen.

*

Zwei Nachrufe — Freund und Feind

Walters alter Geschwaderkommodore, Oberst Hannes Trautloft, sprach zum Abschied am Grabe:

„In dieser Stunde gehen meine Gedanken zurück in das Jahr 1941. Damals sah ich Dich das erste Mal, als Du als junger Fähnrich in mein Geschwader kamst. Ein großer, schlanker Junge, drahtig, frisch, mit offenen, strahlenden Augen. Das war der erste Eindruck, den ich von Dir hatte. Du selbst hattest nur einen Wunsch, möglichst rasch Deine fliegerische Ausbildung zu vollenden, um zum Fronteinsatz zu kommen. Das Geschwader verlegte indessen zur Ostfront und dann sah ich Dich wieder als Leutnant und ausgebildeten Jagdflieger.

Deine ersten großen Erfolge hast Du als junger Offizier über dem Baltikum errungen. Ich erinnere mich noch genau an den Tag, als Dein damaliger Kommandeur, der leider so früh gefallene Hans Philipp, mir sagte: Der Leutnant Nowotny wird einmal einer unserer größten Jäger werden — und Du bist es geworden!

Ich denke an die gemeinsamen Luftkämpfe über Leningrad, über dem Ladogasee, über den Mooren des Wolchows, über dem Ilmensee und dann in der Mitte der Ostfront, über Charkow und Orel. Erfolg reihte sich an Erfolg. Vier, sechs, acht und zehn Luftsiege an einem Tage waren Deine stolzen Siegesserien. Du reihtest Dich ein in die großen Könner unseres alten Geschwaders: Helmuth Ostermann, Hans Philipp, Dein Landsmann Max Stotz und Hans Beißwenger.

Wenn Du mit Deiner Staffel oder später mit Deiner Gruppe in der Luft warst, dann gab es für die sowjetischen Flieger keinen Platz mehr. Deine Männer aber vom Bodenpersonal standen während Deiner Feindflüge unten auf dem Platz und warteten bangenden Herzens auf Deine Rückkehr; sie nannten Dich nicht den Oberleutnant oder Hauptmann Nowotny, sondern „unseren Nowy". Und wenn Du oben warst, dann wußten sie, daß Du mit siegreich wackelnder Maschine zurückkommen mußtest.

Durch Deine Erfolge hast Du nicht nur Deine Staffel, sondern auch Deine Gruppe angespornt und mitgerissen. Selten hat ein Führer so viel Liebe, Verehrung und Vertrauen bei seinen Untergebenen gefunden, wie es bei Dir der Fall war. Deine Leistungen wurden belohnt mit Beförderungen und wohlverdienten Auszeichnungen und dennoch bist Du der bescheidene Kämpfer geblieben, der nicht viel redete, sondern handelte. Der Typ des deutschen Jagdfliegers und Offiziers schlechthin: frisch und geradeaus, das Herz im Angriff weit voraus, tapfer, jungenhaft lustig und fröhlich, doch über Dein Alter hinaus ernst, wenn es sich um den Einsatz handelte. Dazu hattest Du ein gläubiges Herz . . .

Als eine neue fliegerische Waffe zum Einsatz kam, war es kein Wunder, daß Du von Deinem Waffengeneral dazu ausersehen wurdest, diese Waffe zu den ersten erfolgreichen Einsätzen zu führen. Als ich Dir dies bekanntgab, sah ich nach langer Zeit wieder das Feuer in Deinen Augen, das ich von früher her aus den Einsätzen bei unserem alten Geschwader kannte. Mit ganzer Leidenschaft und überzeugt von der Größe dieser Aufgabe bist Du an diese neue Arbeit herangegangen.

In dieser Zeit, es sind kaum vierzehn Tage her, sah ich Dich das letzte Mal im Kreise Deiner Flugzeugführer. Von morgens früh bis spät in die Nacht hast Du mit Deinen tapferen Flugzeugführern zusammengesessen, um Dir zu überlegen, wie diese neue Waffe am zweckmäßigsten zum Einsatz kommen könnte. Ja, es gab Tage und Nächte, wo Du überhaupt keinen Schlaf gefunden hast.

Und dann kam Dein Todestag. An diesem Tag war Dein Waffengeneral bei Dir. Der erste Einsatz Deiner Flugzeugführer war besonders erfolgreich gewesen. Nun hielt es Dich nicht mehr am Boden. Du wolltest, Deiner Natur entsprechend, den zweiten Einsatz selbst führen, Deine Aufgabe nicht von der Erde aus lösen, sondern eigene Erkenntnisse und Erfahrungen in der Luft sammeln, um sie dann Deinen Männern zu vermitteln. Kein Mensch konnte

136

Dich mehr am Boden halten. Von diesem kurzen Einsatz bist Du nicht zurückgekommen.

Und da, lieber Nowy, denke ich zurück an einen Winterabend auf unserem Geschwadergefechtsstand in Rußland. Wir saßen zusammen, Du, Philipp, Stotz, Hahn, Beißwenger und Ostermann. Nachdem wir uns lange Zeit überlegt hatten, wie wir durch eine neue Taktik noch größere Erfolge erringen könnten, kam auch die Rede auf den Soldatentod. Damals sagtest Du als junger Oberleutnant: ,Ich möchte nicht als Greis sterben, sondern auf der Höhe des Festes scheiden!' Nun bist Du auf der Höhe des Festes geschieden, auf der Höhe Deiner stolzen und einmaligen Siegeslaufbahn und hast damit den schönsten Jagdfliegertod gefunden . . .

Das ist das Gelöbnis, das ich für unsere Waffe an Deinem allzufrühen Grabe für alle ausspreche: Dein Geist bleibt wach, aus ihm werden neue Kämpfer geboren, die Dich als kämpferisches Vorbild in ihren Herzen tragen werden.

Und nun leb wohl, mein guter Kamerad!"

*

Jahre später wurde noch ein weiterer Nachruf zu Walters Tod veröffentlicht. Er stammt nicht von einem Kameraden, sondern von einem ritterlichen Gegner. Der große französische Jagdflieger Pierre Clostermann, der im Herbst 1944 mit dem „Kommando Nowotny" zu kämpfen hatte, erzählt in seinen Erinnerungen* von dem Abend, an dem der Tod Walters bei der Royal Air Force bekannt wurde:

„Walter Nowotny ist gefallen. Unser Gegner vom Himmel über der Normandie und über Deutschland . . . Die Luftwaffe, deren erklärter Held er war, wird seinen Tod nicht lange überleben; er wirkt wie ein Schlußstrich unter diesen Luftkrieg.

Sein Name fällt diesen Abend oft im Gespräch in der Meß. Wir sprechen von ihm ohne Groll und Haß. Jeder ruft in einem Ton der Achtung, ja beinahe der Zuneigung die Erinnerungen wieder herauf, die ihn mit ihm verbinden. Es

---

* Pierre Clostermann: Die große Arena, Deutsche Ausgabe, Bern 1951 Seiten 254 ff.

ist das erste Mal, daß ich diesen Ton in der R. A. F. vernehme; zum erstenmal auch erlebe ich, wie sich eine merkwürdige Solidarität zwischen allen Jägern offen Ausdruck gibt, eine Verbundenheit jenseits der einzelnen Tragödien und jenseits aller Vorurteile ...

Dieser Krieg hat fürchterliche Menschenmassaker gesehen; Städte, die in Schutt und Asche fielen unter den Bomben, die Schlächtereien von Oradour, die Ruinen von Hamburg. Uns selber wurde manchmal das Herz schwer, wenn wir unsere Geschosse in einem feindlichen Dorf explodieren sahen, Frauen und Kinder hinmähten, die um den Panzer standen, den wir angriffen. Solchen Dingen gegenüber waren die Kämpfe mit Nowotny und seinen Messerschmitts etwas Saubereres, weit erhaben über die Kämpfe des Heeres am Boden, die in Staub und Blut, im Donnern der kriechenden, stinkenden Raupenungeheuer ausgefochten wurden.

Luftkampf: das graziöse Arabeskenspiel eines Tanzes von Silbermücken, das durchsichtige Spitzengewebe der weißen Kondensstreifen, die Focke-Wulf, die wie zierliche Spielzeuge im Unendlichen dahinglitten.

Sicher gibt es auch bei uns den Kampf im Niedrigen: die Bordwaffenangriffe auf fahrende Züge in der winterlichen Morgendämmerung, wo man versucht, taub zu bleiben gegenüber den Schreckensschreien, nicht zu sehen, wie unsere Geschosse das Holz zerfetzen, die Scheiben zersplittern, wie die Mechaniker sich krümmen unter den siedendheißen Dampfstrahlen, nicht an all die Menschen denken, die in der Falle der Eisenbahnwagen gefangen sind, vom Entsetzen über unser Motorengeheul und das Bellen der Flak geschüttelt — all diese unmenschliche, unmoralische Pflicht, die uns auferlegt ist, weil wir eben Soldaten sind und weil Krieg ist.

Dafür aber grüßen wir heute einen tapferen Feind, den das Schicksal ereilt hat, erklären Nowotny zu einem der Unseren, der teil hatte an unserer Welt, in der weder Ideologien noch Haß, noch Grenzen zählen. Diese Kameradschaft hat nichts zu tun mit Patriotismus, Demokratie, Nationalsozialismus oder dem Gedanken an die Menschheit. Alle spüren das heute instinktiv. Die die Achseln zucken, können es nicht verstehen — sie sind keine Jagdflieger ...

Alle waren schlafen gegangen, nur Bruce Cole, Clark, Brooker und ich verweilten noch bei der Betrachtung der Flugzeitschrift ‚Der Adler‘, die wir in Goch gefunden hatten und die einen illustrierten Artikel über Nowotny enthielt. Da war sein Porträt, am Tage aufgenommen, an dem er Brillanten, Eichenlaub und Schwerter zum Ritterkreuz des Eisernen Kreuzes erhalten hatte — die höchste militärische Auszeichnung der Deutschen. Das Gesicht eines müden Kindes, ein wenig traurig, aber mit energischem Mund und Kinn.

‚Zeit, ins Bett zu gehen‘ sagte plötzlich Brooker. ‚Schade, daß dieser Typ nicht unsere Uniform trug. Er wäre ein feiner Kerl gewesen!‘ “

Nachwort zur Neuauflage 1973

Verfolgt – verleumdet und doch anerkannt

Die erste Auflage dieses Buches erschien Anfang Dezember 1957 und war nach knapp drei Wochen vergriffen. Die Berichte aus dem Leben meines gefallenen Bruders fanden bei den ehemaligen Soldaten des 2. Weltkrieges eine begeisterte Aufnahme. Zahlreiche Besprechungen in in- und ausländischen Zeitungen sowie viele anerkennende Zuschriften erreichten mich in der Folgezeit zumeist aus dem europäischen, aber auch aus dem übrigen Ausland, darunter aus Chile, Südafrika und Indien. Die Zuschrift der leider viel zu früh verstorbenen oberösterreichischen Lyrikerin Ursel Peter steht für alle die vielen Briefe, die mich damals erreichten:

Frankenmarkt, den 12. 6. 1960.

Lieber Herr Nowotny!

Tief bewegt habe ich Ihr Buch aus der Hand gelegt. Auch meine Mutter hat es erschüttert gelesen. Und nun muß ich Ihnen heute schreiben und danken!

Alle Tragik um den Opfergang der deutschen Jugend – alles wacht wieder auf. Was war Ihr Bruder für ein Flieger und Kämpfer, was war er für ein prächtiger Junge, was hat der Krieg in dies junge Gesicht gezeichnet!

Tapfer und treu – wie sehr arm ist unsere Zeit daran geworden. Und wie gut ist es, solch helle Vorbilder zu

141

haben! Unantastbar — über jeden Schmutz und jede Gemeinheit unserer Zeit — wird dieses Heldentum und dieser Opfermut unserer Jugend *immer* den Weg weisen. Auch heute.

Und aus jeder Zeile Ihres Bruders spürt man Geist und Wesen Ihres Bruders Walter. Es ist zugleich Ihr Geist und Wesen und ich neige mich vor der Haltung Ihres Vaters.

Wie freut es mich, daß Ihr Vater doch Ihre Heimkehr erlebte — und daß Sie der deutschen Jugend Ihr Buch geschenkt haben. Welch ein Vermächtnis! Die Lauterkeit, die aus jeder Seite spricht, muß jeden berühren, der das Buch liest!

Es dankt Ihnen   Ihre Ursel Peter

Der unerwartete Erfolg — sogar durch die Maschen des Eisernen Vorhangs konnte das Buch nach Mitteldeutschland und Polen gelangen — veranlaßte gewisse Leute nach Mitteln und Wegen zu suchen, um eine weitere Verbreitung dieses Buches zu verhindern. Schließlich mußte sich auf Antrag einer Bremer Senatorin die in Bonn amtierende Bundesprüfstelle für jugendgefährdendes Schrifttum mit der Indizierung des Buches befassen. In einer Gegenerklärung des Verlages wurde der Vorstoß der Bremer Senatorin beantwortet. Darin hieß es u.a.:

> „Es bedarf keiner Erörterung der im vorstehenden „Antrag" in offenkundig fehlgeleiteter Leidenschaft aus dem Zusammenhang gerissenen Satz-Fragmente; auch in böswilliger Auslegung kann in diese mühevoll herausoperierten Texte keine „Kriegsverherrlichung" hineingelesen werden. Die im Antrag irreführend in Anführungszeichen gesetzten Formeln: „gelobt sei, was hart macht" und „sportlich, kriegerische Erfolge" sind erfundene Zutaten der Antragstellerin. Selbstverständlich findet sich in einem Buch, das dem ehrenden Andenken eines Gefallenen gewidmet ist,

kein Ausdruck, der den soldatischen Kampfeinsatz zu Training oder Sport abwertet....

Die schmähende Behauptung der Antragstellerin, es habe am Ende des Zweiten Weltkrieges der „Mut zum Leben mehr Tapferkeit erfordert, als der Mut zum Sterben", enthüllt eine krasse Verwirrung der sittlichen Begriffe. Selbstverständlich ist das Opfer des Lebens unter allen Umständen das ernstere, das ein Mensch zu erbringen vermag. Der Soldatentod – gleichgültig in welchem Kampf und gleichgültig auf welcher Seite er gestorben wird – gilt bei allen Völkern deshalb als ehrenvoll und erinnerungswürdig, weil sein in Sieg oder Niederlage unveränderlicher Sinn es stets ist, eigenes Leben einzusetzen, um anderes Leben – nämlich unmittelbare Kameraden oder fernere Volksangehörige – zu schützen. Die Erinnerung an solche Bereitschaft und solche Erfüllung ist das sittliche Motiv aller Gefallenengedenkstätten, es ist auch das jedem unvoreingenommenen Leser auf den ersten Blick erkennbare Anliegen des schlichten Buches vom tapferen Leben und bitteren Sterben des Fliegers Walter Nowotny."

In Punkt 5 meiner persönlichen Erklärung habe ich damals festgestellt:

„Die Antragstellerin bezichtigt mich, den Bruder als einen ‚Sportler' geschildert zu haben, der seine Leistungen als Jagdflieger gewissermaßen wettbewerbsmäßig zu entwickeln trachtete, als ob der Gegner im Luftkampf sich wie ein Kaninchen oder eine Wildente verhalten hätte. Ich glaube, daß keine im Buch enthaltene Kampfschilderung – wenn man sie im Zusammenhang liest – eine derart abwegige Deutung zuläßt. Wer, wie ich, als Offizier, zuletzt Oberleutnant und Kompanieführer, und anschließend in mehrjähriger russischer Kriegsgefangenschaft, den Krieg in all seinen Härten kennengelernt hat, ist gewiß der letzte, der ihn verharmlost und den bitteren soldatischen Kampf durch Vergleiche mit risikolosem Sport abwertet. Natürlich war mein 20 Jahre alter Bruder ein Draufgänger und kein Philosoph und ohne die Dokumente zu fälschen, konnte ich ihn nicht anders schildern, als er sich seinen Kameraden zeigte. Aber jede Durchsicht des Buches beweist, daß das ernste Erlebnis des Krieges von Seite zu Seite stärker in den Vordergrund tritt. Das tragische Ende muß, wie ich glaube, gerade den jugendlichen Leser zutiefst beeindrucken.

Und im Schriftsatz meiner Mutter heißt es:

„Als Mutter dreier Söhne, von denen mir der Krieg nur einen am Leben ließ, habe ich den Antrag der Senatorin Mevissen mit wehmütigem Staunen gelesen. Ist so viel Haß möglich? Soll das ein „Dank des Vaterlandes" an meine beiden im Krieg gefallenen Söhne sein? Ich kenne das Gedenkbuch, das man unter „Schmutz und Schund" einreihen will, natürlich genau. Nach meiner Ansicht schildert es meinen Sohn Walter so, wie er wirklich war und es kann, glaube ich, kein normaler Leser auf den Gedanken kommen, er sei nur ein „geist- und seelenloses Abschußgenie" gewesen. Meine Herren von der Bundesprüfstelle! Sie mögen das kleine Buch verbieten; für mich, meine Enkel und sicher für manche andere schlichte Menschen wird es vielleicht doch so etwas wie ein Denkmal bleiben."

Schließlich wurde am 14. Oktober 1960 nach einer mündlichen Verhandlung, bei der auch Vertreter des Bundesverteidigungsministeriums anwesend waren, der Antrag der Bremer Senatorin abgelehnt und am 25. September 1961 wurde dann auch ein in Österreich eingeleitetes Verfahren auf Verfall des Buches nach § 42 Pressegesetz gemäß § 90 StPO. zurückgewiesen. Inzwischen ist das Buch sowohl in französischer Sprache, als auch in Italien erschienen, und hat auch dort seinen Weg gemacht.

*

Schon 1958 wurde aus dem Ergebnis einer Sammlung von kleinen und kleinsten Spenden in ganz Österreich ein würdiger Gedenkstein auf dem Ehrengrab im Wiener

Zentralfriedhof errichtet und am 22. Juni 1958 unter Teilnahme von ca. 1200 Personen feierlich enthüllt. Der Österreichische Kameradschaftsbund, die große Organisation der Soldaten beider Weltkriege, war mit einem Ehrenzug unter Führung eines Ritterkreuzträgers erschienen, ein Vertreter der Frontgeneration des 2. Weltkrieges versicherte die unbeugsame Treue zum Vorbild Walter Nowotny. Aus der Bundesrepublik Deutschland waren der Kanzler des Ordens der Pour le mérite-Träger, Gen.-Lt. Theo Osterkamp, sowie der Vorsitzende der Gemeinschaft der Jagdflieger, Oberst Werner Andres gekommen. Zur besonderen Freude aller Teilnehmer fand sich auch Oberst Hans-Ulrich Rudel, Träger der überhaupt nur ein einziges Mal verliehenen höchsten deutschen Tapferkeitsauszeichnung, aus Südamerika kommend, ein, um seinem toten Kameraden die Ehre zu erweisen. Unverständlich war schon damals, daß das Österreichische Bundesheer als der berufene Wahrer soldatischer Tradition eine Teilnahme an den Feierlichkeiten ablehnte. Major Walter Nowotny, Österreichs einziger Brillantenträger neben Oberst Gollob, existiert für das Landesverteidigungsministerium nicht. Gründe für diese Einstellung der zuständigen Stellen wurden der Familie nie bekannt. Bezeichnend, daß auch der Innenminister Soronic der Bundesregierung, selbst Luftwaffenangehöriger und Waffenkamerad meines Bruders im 2. Weltkrieg, in der gleichen Einstellung wie seine Vorgänger beharrte.

Als dann schließlich die Staatspolizei, die alljährlich am Totengedenktag die Besucher des Ehrengrabes zu überwachen hatte, am 30. 10. 1968 die 83 Jahre alte Mutter beim Herrichten des Grabes befragte, was sie dort mache und wer sie sei, habe ich diesen Tatbestand zum Gegenstand einer parlamentarischen Anfrage durch den Abgeordneten zum Nationalrat, Prim. Dr. Scrinci machen lassen. Österreichische Zeitungen haben sich damals empört mit Titeln wie „Gruftspione" u.a. dieser Angelegenheit angenommen.

So berichtete u.a. die Wochenzeitung „Der Sudetendeutsche" am 22. November 1968 unter der Überschrift „Gruftspionage in Wien" über diesen dramatischen Zwischenfall am Grab des Eichenlaubträgers Walter Nowotny:

> „Während die österreichische Öffentlichkeit durch die kürzlich aufgedeckten Spionageskandale aufs äußerste beunruhigt ist, sucht die Staatspolizei nicht in den Diensträumen bestechlicher Beamter, nicht in den Garnisonen für den Gegner arbeitender Soldaten und nicht in den Versammlungslokalen der Kommunisten nach Staatsfeinden, sondern unter der Erde, genauer gesagt auf dem Friedhof. So wurde am Allerheiligentag das Ehrengrab des gefallenen Jagdfliegers Walter Nowotny auf dem Wiener Zentralfriedhof von zahlreichen Beamten der Staatspolizei unauffällig beobachtet. Ist es in den Augen der Staatspolizei eine staatsfeindliche Handlung, wenn jemand an der letzten Ruhestätte des Brillantenträgers und Ehrenbürgers von Wien ein Gebet spricht, eine Kerze anzündet oder Blumen niederlegt? Und dies an einem Tag, welcher ausdrücklich dem Gedenken an die Toten geweiht ist!
>
> Ermangelt es da nicht der Pietät, der Achtung vor der Majestät des Todes? Gemeinhin pflegt man die Gegensätze nach dem Tod eines Menschen zu begraben. Das gehört zu den christlichen Pflichten für die armen Seelen zu beten; sogar ein Gebet am Grabe eines Verstorbenen ist also ein gutes Werk, ein Akt der christlichen Liebe. Um so mehr muß dies aber für einen tapferen Soldaten gelten. der während seines kurzen Erdendaseins ehrlich gelebt und sein jungen Leben für die Heimat, nicht zuletzt auch für Österreich und Wien, geopfert hat. Für den Jagdflieger Nowotny ist nicht mehr die Staatspolizei, sondern Gott als sein oberster Richter zuständig.

Die besondere Abwegigkeit dieser Gruftspione zeigt sich auch daran, daß englische Flieger noch während des Ersten Weltkrieges bei der Beerdigung des gefallenen Kampffliegers Freiherr von Richthofen einen Kranz abwarfen, um ihren toten Gegner auf ritterliche Weise zu ehren.

Solche Maßnahmen sind selbst dann empörend, wenn sie von atheistischen Marxisten getroffen werden, obwohl man bei diesen kein Verständnis für religiöse Dinge voraussetzen kann, da sie die Religion und alles was damit zusammenhängt bekanntlich seit jeher als „Opium für das Volk" betrachten. Völlig unverständlich ist es aber, wenn solches unter der Verantwortung einer Regierungspartei geschieht, die sich ausdrücklich als christliche bezeichnet. ..."

*

Fragt man mich heute, Jahrzehnte nach Kriegsende, so muß ich wahrheitsgemäß feststellen, daß das, was ich im Deutschen Soldatenjahrbuch 1970 in dem Beitrag JAGD-FLIEGER WALTER NOWOTNY zu seinem 50. Geburtstag festgestellt habe, auch 1973 noch seine volle Gültigkeit hat: „Das Bundesheer Österreichs aber, in dessen Bundeshauptstadt Wien deren Ehrenbürger Walter Nowotny ein Ehrengrab besitzt, hat dem Toten bis zum heutigen Tag noch keinen offiziellen Besuch abgestattet, und unter den zahlreichen Kränzen und Gebinden am Totengedenktag sucht die nun 88 Jahre alte Mutter bis heute vergeblich nach auch nur einem einzigen Blumengruß des österreichischen Bundesheeres. Unfaßbar für die Mutter, die dem Vaterland zwei ihrer Söhne opfern mußte, unfaßbar aber auch für die Soldaten des vergangenen Krieges, die Väter der heutigen Soldatengeneration."

Andererseits ist als erfreuliche Tatsache zu verzeichnen, daß im Laufe dieser Jahre eine ganze Reihe sauberer Veröffentlichungen in Buchform erschienen sind, in denen der deutsche Soldat und seine Leistungen objektiv und anerkennend gewürdigt werden. Beschämend genug, daß die ehrlichsten Stimmen aus dem Lager der ehemaligen Kriegsgegner kommen!

Hier sei auch erwähnt, daß der auch schon in einem Ehrengrab der Gemeinde Wien ruhende ehemalige SPÖ-Stadtrat Mandl eines Tages der betagten Mutter das szt. nach dem Tode Walters samt Ehrenring zurückgegebene goldene Namensplättchen mit einigen freundlichen Worten durch die Post zustellen ließ.

*

Schon in den ersten Jahren nach meiner Rückkehr aus russischer Gefangenschaft hatte ich einmal von einer Kennzeichnung der Absturzstelle des Bruders bei Osnabrück gehört, aber lange Zeit hierfür keine Bestätigung erlangen können.

Erst zu Anfang 1953 erhielt ich über den Deutschen Jagdfliegerverband eine Mitteilung, daß auf einem Grundstück des Bauern Friedrich Risau in Epe bei Bramsche an der Absturzstelle ein kleines Denkmal von seinen Kameraden errichtet worden war. Die in diesem Gedenkstein angebrachte Tafel trug die Inschrift: Hier fiel am 8. 11. 1944 nach 258 Luftsiegen der Träger des Ritterkreuzes mit Eichenlaub, Schwertern und Brillanten, Major Walter Nowotny für Führer, Volk und Vaterland. Diese Tafel wurde 1945 von durchziehenden Polen entwendet, jedoch später wieder aufgefunden. Sie befindet sich heute im Gewahrsam des Bauern Risau.

Jahre, nachdem sinnlose Zerstörungswut freigelassener Ostarbeiter dort gewütet hatte, stellten Angehörige der Deutschen Jugend Osten und eines Segelfliegervereines die Gedenkstätte wieder her. Zwanzig Jahre nach Kriegs-

ende hat die Fliegerhorstgruppe Rheine des Jagdbomber-
geschwaders 36 die Gedenkstätte in ihre Obhut genommen und tatkräftig zur Verschönerung der Anlage beigetragen. Die aufgelaufenen Kosten wurden durch Spenden der jungen Soldaten aufgebracht.

Damit hat mein Bruder Walter, dessen junges Leben
ein einziges Opfer für das Vaterland war, die verdiente
Ehrung und Anerkennung der neuen deutschen Luftwaffe gefunden. Er ist wieder Vorbild für die jungen Soldaten geworden. Es war für uns Soldaten in Österreich,
die einst ihrem Eide getreu an der Seite der deutschen
Kameraden ihre Pflicht erfüllten, eine tiefe Genugtuung,
unsere damalige Treue zum Waffengefährten an einem
unserer tapfersten Soldaten nunmehr belohnt zu sehen.

Auf Einladung des Kommandeurs des Jagdbomber-
geschwaders 36 durften wir also 1967 den Dienst- und
Flugbetrieb kurz miterleben und erfuhren dort einen
äußerst liebenswürdigen Empfang. Man erzählte uns, daß
am jährlichen Volkstrauertag soldatische Abordnungen
zusammen mit dem Landrat und der Bevölkerung an
der Absturzstelle eine Gefallenenehrung durchführen.

Als wir uns von der eindrucksvollen Gedenkstätte, an
der Walters Maschine am 8. 11. 1944 zerschellte, verabschiedeten, donnerten hoch über uns die modernen
Jagdmaschinen im Übungsflug über den Himmel und
unsere Gedanken gingen hinüber nach Wien, wo die
Inschrift des Steines auf dem Ehrengrab mit den Worten
endet: EWIG IST DER TOTEN TATENRUHM. Die-
ser uralte Spruch wird noch in fernen Zeiten künden
von einem Soldaten, der nichts als seine Pflicht getan,
zum Ruhm und zur Ehre seiner Heimat. Die Erinnerung
an Walter Nowotny aber bleibt trotz aller Totschweige-
taktik offizieller Stellen lebendig, solang noch ein Vater
seine Kinder an das Ehrengrab des für Volk und Heimat

gefallenen Jagdfliegers, meines unvergeßlichen Bruders, führt.

*

Die Leistungen der deutschen Jagdflieger im Zweiten Weltkrieg erhalten erst ihr besonderes Gewicht, wenn ihnen die erzielten Abschußziffern ihrer Gegner gegenübergestellt werden.

Auf deutscher Seite gab es insgesamt 106 Piloten mit mehr als 100 Luftsiegen. Hiervon erreichten 35 Jagdflieger mehr als 150, 15 mehr als 200 Abschüsse.

In den Nachweisen vieler deutscher Piloten sind jeweils weit über 500 Feindeinsätze eingetragen. Demgegenüber gab es keinen einzigen alliierten Piloten, der diese Zahl auch nur entfernt erreicht hätte, ja, nach dem Stand des heutigen Wissens ist bei keinem von ihnen auch nur die Zahl von 100 Einsatzflügen bestätigt.

Major Erich Hartmann, der erfolgreichste Jagdflieger der deutschen Luftwaffe, erzielte seine 351 bestätigten Luftsiege in weit mehr als 800 Einsätzen, Major Walter Nowotny seine bis zur Verleihung der damals höchsten deutschen Tapferkeitsauszeichnung erzielten 250 Abschüsse sogar in nur 442 Einsätzen!

Die Abschußliste auf sowjetrussischer Seite führen Oberst Iwan Koschedub mit 62 und Oberstleutnant Alexandr Pokryschkin mit 59 Luftsiegen an.

Der erfolgreichste Flieger der britischen Royal Air Force war der Südafrikaner Squ.-Leader M. T. Pattle mit 41, der hier führende Mann in der amerikanischen USAAF Maj. Richard J. Bong mit 40 und das in der Royal Air Force fliegende freifranzösische Jagdflieger-As der Squ.-Leader Pierre H. Closterman mit 33 Abschüssen.

Angesichts dieser Abschußstatistik ist es zwar nicht verwunderlich, aber in einer Zeit, in der der deutsche

Soldat des vergangenen Krieges immer noch in völlig falschem Licht gezeichnet wird, nicht genug anzuerkennen, daß die beiden amerikanischen Autoren Trevor J. Constable und Raymond F. Toliver im Schlußwort ihres 1972 im Motorbuch Verlag, Stuttgart erschienenen Buches „DAS WAREN DIE DEUTSCHEN JAGDFLIEGER 1939—1945", einen ebenso fairen wie wertvollen Beitrag zur Geschichte des Luftkrieges, feststellen:

> „Die deutschen Jagdflieger kämpften in einem langen und harten Krieg mit Tapferkeit, Ritterlichkeit und Fairneß. ... In ihrer Gesamtheit lebten die deutschen Asse nach den traditionellen Regeln des Soldaten. Sie beachteten die Bindungen, die zwischen Mensch und Mensch bestehen bleiben müssen. ... In großer Anzahl haben alliierte Piloten, die gegen sie geflogen sind, Zeugnis für die Ritterlichkeit und den menschlichen Anstand der deutschen Asse abgelegt. ..."

INHALTSVERZEICHNIS

Dreirißzeichnungen
der Typen
Me 109, FW 190 und Me 262

Die Zeichnungen von Dennis Punnett wurden mit freundlicher Genehmigung des Verlages MacDonald, London, dem hervorragenden Werk von William Green: „THE WARPLANES OF THE THIRD REICH" entnommen.

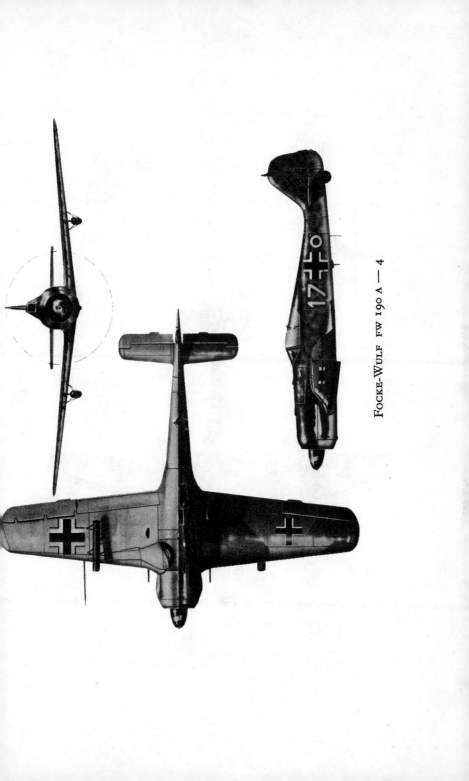

FOCKE-WULF FW 190 A — 4

MESSERSCHMITT ME 262 A — IB

Bildanhang

DIE SIEGREICHE STAFFEL

VOR DEM EINSATZ

AN DER FW 190

DIE „ABSCHUSSHOSE"

EIN AUTOGRAMM VON WALTER NOWOTNY

DER 215. ABSCHUSS

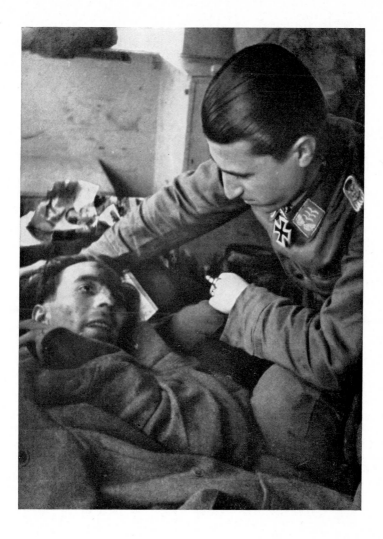

Besuch bei „Quax"

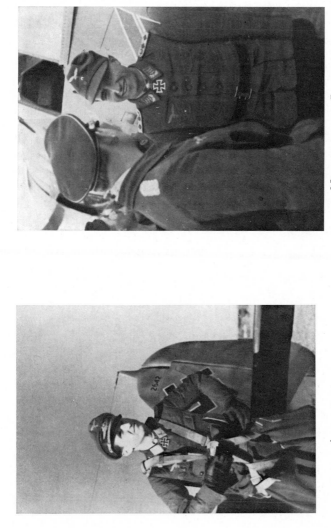

Alarmstart

Nach dem 250. Luftsieg

MIT HAUPTMANN RALL, OBERLEUTNANT SEYN-WITTGENSTEIN
UND MAJOR GRASSER IM FÜHRERHAUPTQUARTIER ANLÄSSLICH
DER AUSZEICHNUNG MIT DEM EICHENLAUB ZUM RITTERKREUZ
DES EISERNEN KREUZES

Mit den Eltern (rechts)

Die Me 262

MIT FLUGZEUGKONSTRUKTEUR PROFESSOR TANK

Am Wiener Heldentor

In der Hofburg

OBERST HANS-ULRICH RUDEL, DIE MUTTER WALTER NOWOTNYS, DER VERFASSER UND SEIN SOHN, SOWIE GENERALLEUTNANT THEO OSTERKAMP BEI DER ENTHÜLLUNG DES GEDENKSTEINS AUF DEM WIENER EHRENFRIEDHOF

22. Juni 1958: Die Enthüllung des Gedenksteins auf dem Ehrengrab am Wiener Zentralfriedhof. Der Gedenkstein trägt folgende Inschrift:
Major der Luftwaffe Walter Nowotny, Träger des Eichenlaubs mit Schwertern und Brillanten zum Ritterkreuz des Eisernen Kreuzes
* 7. 12. 1920 — Gefallen 8. 11. 1944
Ewig ist der Toten Tatenruhm

DIE BUNDESLUFTWAFFE EHRT IHREN GEFALLENEN KAMERADEN AN DER ABSTURZSTELLE BEI OSNABRÜCK